WARREN BUFFETT
In His Own Words

Agate Publishing, Inc.

本人自らの発言だからこそ見える真実

ウォーレン・バフェットの生声（なまごえ）

ディヴィット・アンドリューズ＝編　石田文子＝訳

文響社

生声とは

生声（なまごえ）とは、
その人物がインタビューや書簡、
自身の著作物などで発した
ありのままの言葉である。

本シリーズは、
世界に影響を与える人物の素顔と、
その哲学の核心を、第三者による脚色がない、
純度の高い言葉を通してお届けする。

Warren Buffett In His Own Words
edited by David Andrews

First publishing in the United States by Agate Publishing, Inc.
Japanese trancelation and English reprint rights
arrangement with Agate Publishing, Inc.
c/o Nordlyset Literary Agency,Minnesota
through Tuttle-Mori Agency,Inc.,Tokyo

序章

もしもウォーレン・バフェットが慎みに欠ける尊大な人物だったとしても、世間はそれほど怒らないだろう。なぜなら彼はネブラスカ州オマハのオフィスから、コンピュータの助けも借りずに、ウォール街のライバルはもちろん、世界中の誰をもはるかにしのぐ投資実績を収めてきたからだ。主要株価指数が年間およそ11％の上昇率だった1950年代から1990年代にかけて、バフェットは投資先をうまく選択して年間およそ29％の利益を上げた。その結果、彼が率いる投資会社――バークシャー・ハサウェイ――は、2022年現在では時価総額世界第7位の企業となり、バフェットの純資産も1167億ドルとなっている。

「オマハの賢人」と呼ばれるバフェットは、実際は謙虚な人物で、自らの投資の手腕について語る時も慎み深い。自分が企業価値を見極める才能に恵まれていたことは認めながらも、その才能がもたらした莫大な富に見合うほどの資格はないと思っている。たまたま適当な能力を持って、たまたまよい家庭に生まれ、たまたまよい時代によい場所にいた。もし生まれるのが数世紀前だったり、開発途上国に生まれていたりしたら、資本を適切に配分するという彼の能力はなんの価値もなかったかもしれない。バフェットが自分の３人の子どもたちの運営する財団やビル＆メリンダ・ゲイツ財団などを通じて、資産の大半を慈善活動に寄付すると誓約した理由のひとつはそれだ。

このように謙虚なバフェットだが、世間から注目を浴びることには尻込みをしない。投資理論や時事問題や税政策から意義ある人生を送る方法まで、自分の考えを積極的に発信している。金融・株式ニュース専門放送のＣＮＢＣで何時間もかけて投資について語ったり、ニューヨークタイムズ紙の論説を書いたり、バークシャー・ハサウェイの株主に送られる年次報告書に、親しく語りかけるような文体の手紙を書いたりしている。

バフェットが投資をする際に従っているルールはごく簡単だ。まず「競合他社と比べて永続的な優位性」を持つ会社——商品の価格を突然上げても、顧客を失うことのない会社——を探す。そういう会社が見つかって、その株が適正価格であれば、それを買い、売らずに持ち続ける。バフェットによると、投資家が犯す最大のミスの1つは、株の売り買いを頻繁に行って、そのたびにブローカーに手数料を払うことだ。バークシャー・ハサウェイがいったん買った会社の株を、たとえ業績が低迷しても、めったに売らない理由のひとつがそれだ（そのほかの理由としては、個人的な義理や忠誠心がある）。

人生についてのバフェットのアドバイスもまた、同じようにシンプルだ。好きな職業を見つけ、適切な相手と結婚し、家族を無条件に愛する。自分を信じて、他人の意見に振り回されない。これが、80数年間生きて、莫大な資産を築き、さらに素晴らしいことには、愛に満ちた楽しい人生を送ってきたバフェットが実践してきたアドバイスだ。

PART 3 頂点 2002-2004

PART 4

磐石

2006-2011

PART 5
還元
2011-2013

PART 6
遺産
2014-2018

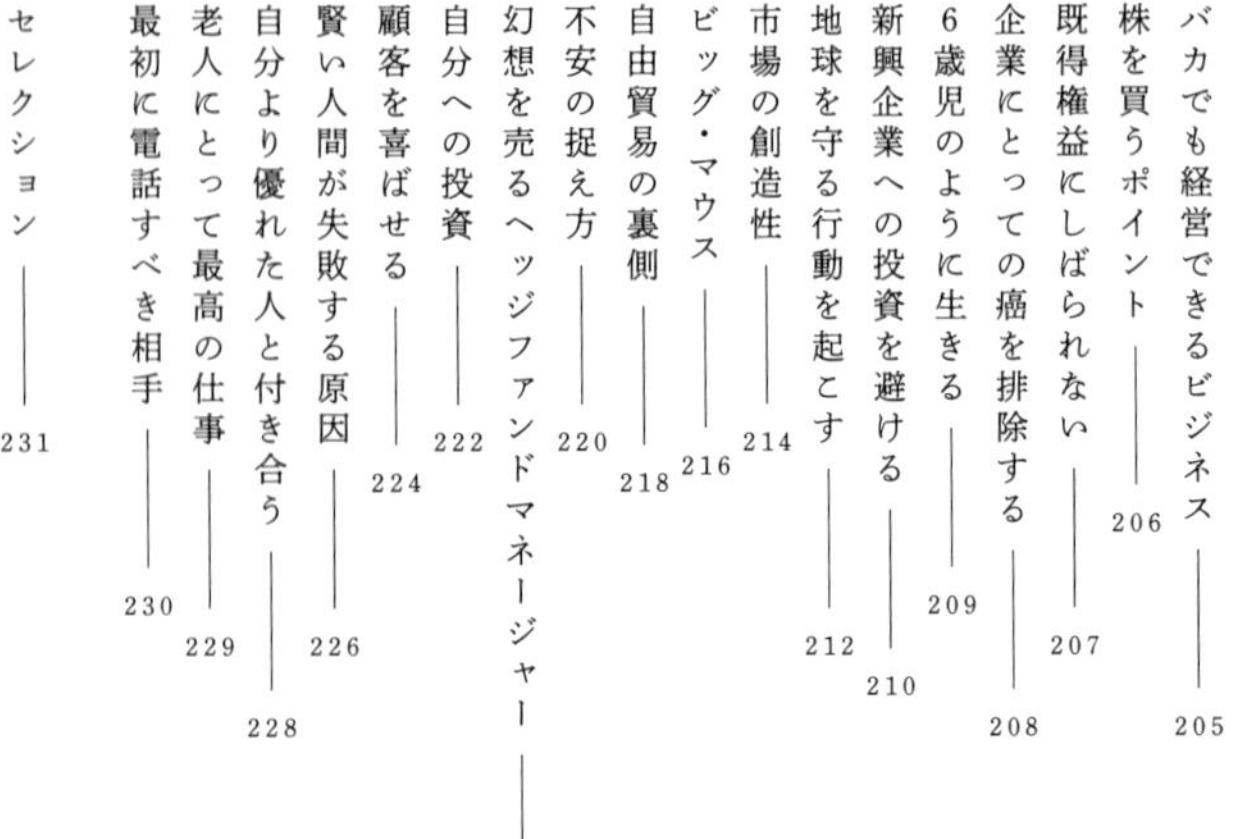

PART 1

1969-1988

戦略

繊維会社バークシャー・ハサウェイの経営権を取得後、新社長を任命し、保険業や投資ビジネスを始めるバフェット。バフェットの采配により、同社の株価が急上昇を遂げていく。

ウォーレン・バフェットの歩み　PART1

1930　8月30日、ネブラスカ州でウォーレン・エドワード・バフェットとして、父ハワード、母リーラのもとに生まれる。

1941　11歳の時、姉ドリスとともに初めて株を買う。その株は直後に値下がりしたあと回復し、ほどほどの利益が出たところでバフェットはそれを売却。まもなく、その株は5倍以上に値上がりした。

1942　父ハワードが下院議員に当選したのを機に、バフェット家はワシントンＤＣに引っ越す。

1945　新聞配達でためた貯金から１２００ドルはたいて40エーカーの農地を購入する。

1947　友人と2人で中古のピンボールマシンを購入し、理髪店などの地元の商店に設置して売り上げを回収するビジネスを始める。その後、バフェットはそのビジネスを売却する。
ハイスクールを卒業後、ペンシルベニア大学ウォートン校に進学。教師より自分のほうが知識があると不満を述べる。

1949　ネブラスカ大学リンカーン校に編入。その後、ペンシルベニア大学入学時から数えて3年で卒業する。
ベンジャミン・グレアムの『賢明なる投資家』を読み、生涯使える投資哲学を学ぶ。

1950
グレアムがコロンビア大学で教えていると知り、コロンビア大学に入学する。

1951
グレアムのもとで無給でもいいから働かせてくれと申し出るが断られる。コロンビア大学を卒業してオマハに戻り、スーザン・トンプソンと付き合い始める。

シンクレア石油のガソリンスタンドに2000ドル投資し、週末には車のフロントガラスを洗うなどして顧客を増やそうと努めるが、結局ガソリンスタンドはつぶれ、投資金のすべてを失う。

1952
スーザン・トンプソンと結婚し、長女のスージーが誕生する。

1954
グレアムから、彼の運営する投資事業組合での職を提供され、年俸1万2000ドルで就職。妻子とともにニューヨーク州ホワイトプレインズに引っ越し、その投資組合の稼ぎ頭となる。

1956
グレアムが引退を決意し、自分の後継者としてバフェットに共同経営者（パートナー）となることを勧める。しかしバフェットはニューヨークでの生活に嫌気がさしていたことと、共同経営者（パートナー）とはいえ、格下の次席代表（ジュニア・パートナー）になることは気が進まなかったため、その申し出を断る。

妻子とともにオマハに戻り、引退して手持ちの資産で暮らしていこうと考える。

引退のために十分な元手を稼ごうと、数名の友人を誘って、投資事業組合バフェット・アソシエーツを設立。その後、さらに2つの投資組合を設立する。

1957　新たに2つの投資組合を作り、合計5つの投資組合を運営する。

1961　初めて100万ドルを超える投資を行う。

1962　すべての投資組合をバフェット・パートナーシップに統合。その総資産がおよそ700万ドルとなる。
繊維製造会社バークシャー・ハサウェイの株を買い始める。

1964　詐欺事件によってアメリカン・エキスプレスの株価が下がる。アメリカン・エキスプレスの価値と長期的な見通しに自信があったバフェットは、同社の株を買い始める。

1965　ウォルト・ディズニー・カンパニーの将来的な収益性を確信するとともに、ウォルト・ディズニー本人に会って、そのリーダーシップに強い感銘を受け、同社に多額の投資をする。
バークシャー・ハサウェイの経営権を取得し、新しい社長を任命する。

1969　バフェット・パートナーシップを解散し、バークシャー・ハサウェイの株式をパートナーに分配する。

1970 バークシャー・ハサウェイの保険業やさまざまな投資からの収益が、繊維業からの収益の100倍以上になる。

バークシャー・ハサウェイの年次報告書に株主への手紙を書き始める。

1977 バッファロー・イブニング・ニュースを買収する――この時バークシャー・ハサウェイはすでにワシントン・ポストをはじめ複数の新聞社に投資していたことから、反トラスト法違反に当たるとの訴えを起こされる。

1983 バークシャー・ハサウェイの株価が1000ドルを超え、バフェットの純資産は6億2000万ドルに達する。

1985 長年支え続けてきた不採算部門のバークシャー繊維工場を閉鎖する。

1988 10億ドル以上のコカ・コーラの株式を買い始める。

1989 バフェットがコカ・コーラの株を買っていたことが公に明らかになり、コカ・コーラ株に買いが殺到する。ニューヨーク証券取引所はコカ・コーラ株の急騰を避けるために売買の一時停止に踏み切る。

株を買う時

どこかの企業の株を買う時は、その企業を丸ごと買うとしたらどうだろうと考えます。それは近所の店を買う時と同じです。もしどこかの店を買うとしたら、その店について全部を知りたいと思うでしょう。

――『フォーブス』誌 1969年11月1日

When I buy a stock, I think of it in terms of buying a whole company just as if I were buying a store down the street. If I were buying the store, I'd want to know all about it.

アイデアの枯渇

かつてはナイアガラの滝のようにアイデアが湧いてきました――とても使いきれないほどでした。それがいまでは、誰かがダムを作ってせき止めたのかと思うくらい、ぽたぽたと目薬なみにしか落ちてきません。

――『フォーブス』誌　１９６９年11月１日

My idea quota used to be like Niagara Falls—I'd have many more than I could use. Now it's as if someone had dammed up the water and was letting it flow with an eyedropper.

私は1ドルの価値のあるものを60セントで買おうと努めています。もしそれが可能なら、いつ買うかということはあまり気にしません。そのいい例がブリティッシュ・コロンビア電力です。1962年にこの会社が公営化されるという時、みんなこう考えました。

I try to buy a dollar for 60 cents, and if I think I can get that, then I don't worry too much about when. A perfect example of this is British Columbia Power. In 1962, when it was being nationalized, everyone knew that the provincial government was going to pay at least X dollars and you could buy it for X minus, say, five. As it turns out, the government paid a lot more.

州政府は少なくともXドルは出すだろうから、それより5ドルくらい安くなった時が買い時だ。ところがふたをあけてみると、州政府はXドルよりずっと高く出したんです。

――『フォーブス』誌　1969年11月1日

タイミングは自分で決める

躁うつ病のパートナーと食料雑貨店を所有しているとしましょう。そのパートナーは、ある日、自分の持ち分を1ドルで売ると申し出たかと思うと、次の日には、天気がいいからという

Imagine if you owned a grocery store and you had a manic-depressive partner who one day would offer to sell you his share of the business for a dollar. Then the next day because the sun was shining for no reason at all wouldn't sell it for any price. That's what the market is like and why you can't buy and sell on its terms. You have to buy and sell when you want to.

以外になんの理由もなく、いくら出しても売らないと言う。市場もそれと似たようなもんですから、その様子をうかがって売買をしてはいけません。自分がしたい時にするのです。

――『フォーブス』誌　1969年11月1日

株価だけで示せない価値

ウォルト・ディズニー社が1966年の上半期に株式市場でどれだけの価値があったか見てください。1株あたり53ドルで、それほど安いとは思えないかもしれません。しかし、その値を元に考えると、ディズニーの会社をまるごと8000万ドルで買えるのです。当時、『白雪姫』や『スイスファミリーロビンソン』やその

Look at what Walt Disney was worth on the stock market in the first half of 1966. The price per share was $53, and this didn't look especially cheap, but on that basis you could buy the whole company for $80 million when *Snow White*, *Swiss Family Robinson*, and some other cartoons, which had been written off the books, were worth that much. And then you had Disneyland and Walt Disney, a genius, as a partner.

ほかのいくつかのアニメはすでに減価償却されて帳簿上は価値のないものとみなされていましたが、実際はそれだけで8000万ドルくらいの価値がありました。おまけにディズニーランドもあるし、ウォルト・ディズニーという天才もビジネス・パートナーとしてついてくるんですよ。

――『フォーブス』誌　1969年11月1日

人生は予想できない

人生設計を立てることがいいことだとは思いません。

『フォーブス』誌　１９６９年11月１日

I don't believe in making life plans.

投資は世の中で最高の仕事です。なぜなら、野球のように無理にバットを振る必要はないからです。バッターボックスに立ったら、ピッチャーがいろんな球をどんどん投げてきます。「ゼネラルモーターズ47ドル！ USスティール39ドル！」という感じで。でも、

I call investing the greatest business in the world, because you never have to swing. You stand at the plate, the pitcher throws you General Motors at 47! U.S. Steel at 39! And nobody calls a strike on you. There's no penalty except for the opportunity lost. All day you wait for the pitch you like; then when the fielders are asleep, you step up and hit it.

誰も「ストライク！」とは言いません。いい球を見送ったって、なんの罰則もないんです。だから、一日中、自分の好きな球が来るのを待っていればいい。そして野手が居眠りでもしたら、踏みこんで、かっ飛ばす。

――『フォーブス』誌　1974年11月1日

（株式市場は）短期的に見ると人気投票機のようですが、長期的に見ると企業価値を計る計量機です。今日、ウォール街では、「もちろん、それは安いですが、この先値上がりすることはありませんよ」などと言います

In the short run [the market] is a voting machine; in the long run it's a weighing machine. Today on Wall Street, they say, "Yes, it's cheap, but it's not going to go up." That's silly. People have been successful investors because they've stuck with successful companies. Sooner or later the market mirrors the business.

が、それはばかげています。人々が投資で成功してきたのは、よい企業とずっと付き合ってきたからです。遅かれ早かれ、市場は企業価値を反映するのです。

――『フォーブス』誌　１９７４年11月１日

株式市場では、たくさんの愚かな人々と取引することになります。まるで巨大なカジノにいて、みんな酔っぱらっているような感じです。だから、ペプシだけ飲むように気をつけていれば大丈夫です。

——『フォーブス』誌 1974年11月1日

You're dealing with a lot of silly people in the marketplace; it's like a great big casino and everyone else is boozing. If you can stick with Pepsi, you should be okay.

オーナーのような経営者

会社を私に売ったことを忘れ、自分の所有物のように考えて経営する人物が、私は好きです。彼らの娘は私と結婚しても自分の親と一緒に住み続けるのです。

──『ウォールストリートジャーナル』紙　1977年3月31日

I like guys who forget that they sold the business to me and run the show like proprietors. When I marry their daughter, she continues to live with her parents.

率直に言って、新聞を作るのは、例えば鉄道車両の連結器を作るよりずっと面白い仕事です。私は自分が所用する新聞社の編集には関わっていませんが、社会の形成に一役買っている機関に関与していることを非常にうれしく思っています。

――『ウォールストリートジャーナル』紙 1977年3月31日

Let's face it—newspapers are a hell of a lot more interesting a business than, say, making couplers for rail cars. While I don't get involved in the editorial operations of the papers I own, I really enjoy being part of the institutions that help shape society.

未来がどうなるかは常に不確実です。株式市場では、上機嫌で賛成する声が多いからといってそれに従えば、非常に痛い目に遭います。しかし、長期的価値に投資する者にとっては、不確実性は味方です。

――『フォーブス』誌 1979年8月6日

The future is never clear; you pay a very high price in the stock market for a cheery consensus. Uncertainty actually is the friend of the buyer of long-term values.

並外れたことをしなくても稼げる

投資に関して我々がやっていることは、ごく普通の能力があればできることです。経営に関してもそれと同じだと思います。並はずれたことをしなくても並はずれた結果を得ることはできるのです。

――『フォーチュン』誌　1988年4月11日

What we do is not beyond anybody else's competence. I feel the same way about managing that I do about investing: It's just not necessary to do extraordinary things to get extraordinary results.

PART 2

慧眼

1991-1999

2000年に「20世紀最高の投資家」へ
選出されるまでの約10年間。
バフェットならではの投資哲学に
基づく、確かな目利きで
大規模な株式の買い付け、
企業買収は着実に成功を収めていく。

ウォーレン・バフェットの歩み PART2

1990 ウェルズ・ファーゴの株式の10パーセントを取得する。

1991 アメリカの投資銀行、ソロモン・ブラザーズが財務省証券の不正入札を行う。不誠実な対応をしたとしてソロモン・ブラザーズに対し、財務省は同社の国債市場への参加権を剥奪することを検討する事態に陥る。

当時、ソロモン・ブラザーズの親会社（ソロモン・インク）の筆頭株主であったバフェットは暫定会長に就任し、ソロモンのマネジメントメンバーの総入れ替えを行った。

さらに、下院の公聴会にて謝罪のスピーチを行い、国債市場への参加権を守ることに成功し、ソロモン・ブラザーズは倒産を免れることとなる。

1992 長男のハワード・バフェットをバークシャー・ハサウェイの取締役会に入れ、自分の死後、非常勤会長にすると宣言。また、長女のスーザン・アリスと次男のピーター・バフェットをバフェット財団の取締役に任命する。

1994 ビル・ゲイツの結婚式に出席する。

1995 ヘルツバーグ・ダイヤモンズとRCウィリー・ホーム・ファーニッシングズを買収する。

―――― 1996

保険会社ガイコの買収を完了する。

バークシャー・ハサウェイの株価が3万4000ドルに急騰し、時価総額が410億ドルに達し、バフェットの総資産は160億ドルとなる。

母リーラが死去。

――― 1997

デイリー・クイーンとスター・ファーニチャーを買収する。USエアウェイズに投資する。

世界の銀供給量の3分の1近くを買うと発表。

アジア通過危機が起こる。

―― 1998

再保健会社ジェネラル・リーとエグゼクティブ・ジェットを買収する。

8月17日、ロシアが突如、対外債務の支払い停止を宣言する（ロシア財政危機）。ロシアへの国債投資を行なっていた、ヘッジファンドのロングターム・キャピタル・マネジメント（LTCM）が経営危機に陥る。

―――― 1999

ジョーダンズ・ファーニチャーを買収する。ミッドアメリカン・エナジー・ホールディングスに投資する。

ITバブルがピークを迎える。

「先行きが見通せない」という理由で、IT関連への投資を行わないバフェットに対し、時代遅れとの批判が浴びせられる。

『賢明なる投資家』

私はいまでも、19歳の時に知っていたこと以上のことは知りません。私は19歳の時にこの本（ベンジャミン・グレアムの『賢明なる投資家』）を読みました。それまでの8年間は、価格変動から将来の動向を占うチャーチストでした。チャート分析とか、そういうのが

I don't know a thing now that I didn't know at 19 when I read [Benjamin Graham's *The Intelligent Investor*]. For eight years prior to that I was a chartist. I loved all that stuff. I had charts coming out my ears. Then, all of a sudden a fellow explains to me that you don't need all that, just buy something for less than it's worth.

大好きで、いやというほどチャートを頭に詰めこんでいました。

そこへ突然、チャート分析なんて必要ないんだよ、本来の価値より安く買えるものを買えばいいんだよ、と言われたんです。

――ノートルダム大学での講演　１９９１年春

不況時に買う

だいたいにおいて、我々は人々が悲観的な時に活発に取引を行います。それは悲観主義が好きだからではなくて、そういう時のほうが魅力的な値段になるからです。もしここにいる全員がサウスベンド（*ノートルダム大学の地元）でガソリンスタンドを売りに出しているとしたら、私はガソリンスタンド経営について最もネガ

On balance, we will do more business when people are pessimistic. Not because we like pessimism, but because it makes for prices that are much more attractive. If you all have filling stations to sell in South Bend, I want to do business with whomever is most negative about filling stations.

ティブな考えを持つ人物と取引をしたい。それが一番得な買い物ができる方法だからです。長い年月の間には、すごく景気のいい時もあれば、ものすごい不況の時もあるでしょう。でも、我々はクリスマスじゃないからといってお菓子を売るのをやめたりしません。

――ノートルダム大学での講演　1991年春

And that's where I'm going to make the best buy. Times are really good and times are really bad, over a period of time. We don't quit selling candy in July just because it isn't Christmas.

株を買ってよい時

私の考えでは、株を買ってよいのは、その企業のあらゆる要素を考慮した時に、その株が本来の価値よりも低い価格で売られていると思った時だけです。

――ノートルダム大学での講演　１９９１年春

You shouldn't buy a stock, in my view, for any other reason than the fact that you think it's selling for less than it's worth, considering all the factors about the business.

ウォール街の2面性

私が知っているウォール街の人間はみな、私と同じくらい、いいアイデアをたくさん持っています。ただ彼らはよくないアイデアもたくさん持っているのです。

――ノートルダム大学での講演　1991年春

Almost everybody I know in Wall Street has had as many good ideas as I have, they just had a lot of [bad] ideas too.

レバレッジの危険性

極端なレバレッジは一般的にはマイナス面が大きかったと言えます。「巨額の借金をして企業を買うのは、自分の胸に切っ先を向けた短剣をハンドルにつけて車を運転するようなものだ」という例え話がよく言われてきました（この例えはそれなりに正しいのが厄介なところです）。そんな車を運転すると、確かにいい

Extreme leverage has been, generally speaking, a net minus. The analogy has been made (and there's just enough truth to it to get you in trouble) that in buying some company with enormous amounts of debt, that it's somewhat like driving a car down the road and placing a dagger on the steering wheel pointed at your heart.

ドライバーになるでしょう。極めて慎重に運転するに違いありません。それでもいつかは小さな穴や氷のかけらを踏んだりして、肝をつぶすことになります。

事故を起こす確率は減るでしょうが、万一事故に遭ったら、無事では済みません。

——ノートルダム大学での講演 1991年春

If you do that, you will be a better driver—that I can assure you. You will drive with unusual care. You also, someday, will hit a small pothole, or a piece of ice, and you will end up gasping. You will have fewer accidents, but when they come along, they'll be fatal.

理解できる企業に投資する

私の仕事は自分が理解できるものが存在する領域をよく見ることです――私はアイク・フリードマンの宝石店については理解できます――それから、めぼしい企業の今後の一定期間における現金収支、すなわちキャッシュフローがどうなりそうかを見積もります。シーズ・キャンディーズ（＊バークシャー傘下の菓子製造販売会社）の場合もそうしました。

My job is to look at the universe of things I can understand—I can understand Ike Friedman's jewelry store—and then I try to figure what that stream of cash, in and out, is going to be over a period of time, just like we did with See's Candies, and discounting that back at an appropriate rate, which would be the long - term government rate.

そのあと、見積もったキャッシュフローを適切な利率、だいたい長期国債の利回りと同じ利率で割り引きます。［そして］その値よりも十分に低い価格でその企業を買うようにします。それでおしまい。理論上は、世界中のすべての企業について――と言っても私が理解できる領域の企業ですが――同じことをしています。

――ノートルダム大学での講演　１９９１年春

[Then] I try to buy it at a price that is significantly below that. And that's about it. Theoretically, I'm doing that with all the businesses in the world—those that I can understand.

ブランド力

時々スーパーマーケットを見て回って、どこが価格決定権やフランチャイズ（*顧客に選ばれるブランド力）を持っていて、どこが持っていないか考えてみるといいでしょう。例えばオレオのクッキーを子どものために、あるいは夫や妻のために買いに行ったとして、オレオのクッキーとそれに似たクッキーがあったとしたら、あなたはきっとオレオのクッキーを買うでしょう。

Walk through a supermarket sometime and think about who's got pricing power, and who's got a franchise, and who doesn't. If you go buy Oreo cookies, and I'm going to take home Oreo cookies or something that looks like Oreo cookies for the kids, or your spouse, or whomever, you'll buy the Oreo cookies.

オレオに似たクッキーのほうが1箱あたり3セント安かったとしても、オレオのクッキーを買うでしょう。……けれども牛乳を買う場合は、ボーデンだろうがシールテストだろうが大して変わりません。だからあなたはわざわざ高い金を払って特定の牛乳を買おうとはしないはずです。……それが、よいビジネスとそうでないビジネスの差です。牛乳はよいビジネスではありません。

――ノートルダム大学での講演　1991年春

If the other is three cents a package cheaper, you'll still buy the Oreo cookies. ... But, if you go to buy milk, it doesn't make any difference whether it's Borden's, or Sealtest, or whatever. And you will not pay a premium to buy one milk over another. ... It's the difference between having a wonderful business and not a wonderful business. The milk business is not a good business.

ブローカーと話さない

私は毎年、何百もの年次報告書を読みます。ブローカーとはまったく話をしません――彼らとは話したくないのです。人はいいアイデアを教えてくれたりしませんから。

――ノートルダム大学での講演　1991年春

I read hundreds of annual reports every year. I don't talk to any brokers—I don't want to talk to brokers. People are not going to give you great ideas.

ハーシーズ

ドラッグストアに入って、「ハーシーの板チョコをください」と言った時、店員から「うちはハーシーの板チョコは置いてません。でもこのノーブランドのチョコレートはあります。これならハーシーの板チョコより5セント安いですよ」と言われたら、向かいの店へ行ってハーシーの板チョコを買いますよね。それがよいビジネスです。

――ノートルダム大学での講演　１９９１年春

If you walk into a drugstore, and you say "I'd like a Hershey bar" and the man says "I don't have any Hershey bars, but I've got this unmarked chocolate bar, and it's a nickel cheaper than a Hershey bar," you just go across the street and buy a Hershey bar. That is a good business.

かつてのバークシャー・ハサウェイ

我々の繊維事業は――それがあまりよいビジネスではないということを理解するのに、私は22年もかかってしまいましたが、とにかく我々は、アメリカの紳士服の裏地の半分以上を作っていました。たいていの背広にはハサウェイ社製の裏地が付いていたものです。我が社はそれを第二次世界大戦中から作っていました。当時はどの顧客も、ハサウェイ社以外から裏地を手に入れるのは難しい状況でした。シアーズローバック

Our textile business—that's a business that took me 22 years to figure out it wasn't very good. Well, in the textile business, we made over half of the men's suit linings in the United States. If you wore a men's suit, chances were that it had a Hathaway lining. And we made them during World War II, when customers couldn't get their linings from other people. Sears Roebuck voted us Supplier of the Year.

から、年間最高納入業者に選ばれたこともあります。ハサウェイ社はとても人気があったのです。しかし、裏地はいつまでたっても、1ヤードにつき1／2セントの値上げもできませんでした。なぜなら、紳士服店でピンストライプのスーツを買うのに、ハサウェイ社の裏地の付いたものを、と注文する客はいないからです。裏地なんて誰も見ません。

――ノートルダム大学での講演　1991年春

They were wild about us. The thing was, they wouldn't give us another half a cent a yard because nobody had ever gone into a men's clothing store and asked for a pin striped suit with a Hathaway lining. You just don't see that.

最も大切なのは、IQがどれだけあるかではありません。IQの高さは得難い要素ではないのです。ある程度の知性は必要ですが、成功するかどうかの90パーセントは性格で決まります。

――ノートルダム大学での講演 1991年春

By far, the most important quality is not how much IQ you've got. IQ is not the scarce factor. You need a reasonable amount of intelligence, but the *temperament* is 90 percent of it.

勘に頼らない

勘とか虫の知らせとか、そういうものはまったくありません。私はただ腰を落ち着けて、ひとつの会社の将来の展望はどうなのか理解しようとしているだけです。

――ネブラスカ大学リンカーン校でのセミナー　1994年10月10日

There is no hunch or intuitiveness or anything of the sort. I mean, I try to sit down and figure out what the future economic prospects of a business are.

ジレット

ジレットは素晴らしい。ドル換算にして世界の60パーセント以上のカミソリの刃を供給しています。私は夜ベッドに横になった時、自分が寝ているあいだに世界中の何十億という男性の顔に髭が伸びていくところを想像します。そうするとよく眠れるのです。

――ネブラスカ大学リンカーン校でのセミナー　1994年10月10日

Gillette is marvelous. Gillette supplies over 60 percent of the dollar value of razor blades in the world. When I go to bed at night and I think of all those billions of males sitting there with their hair growing on their faces while I sleep, that can put you to sleep very comfortably.

日課

私は尋常でない時間を読むことに費やします。たぶん1日に少なくとも6時間か、もっと多いかもしれません。それから電話を1、2時間。そして考えること。日課と言えばそんなもんです。

――ネブラスカ大学リンカーン校でのセミナー　1994年10月10日

I spend an inordinate amount of time reading. I probably read at least six hours a day, maybe more. And I spend an hour or two on the telephone. And I think. That's about it.

自信を持つ

自分が本当によく理解しているものに対して、ちょこっとしか手を出さないなんて、いいとは思いません。私は何であれ、ちまちまとやりたくない。なぜなら、ちまちまとやる理由は、あまり自信がないからですよね。だったら、そんな考えはすっぱりと忘れて、自信を持ってやれることをやります。

――ネブラスカ大学リンカーン校でのセミナー　1994年10月10日

I do not believe in taking baby steps when you see something that you really understand. I never want to do anything on a small scale because, what's the reason? If I'm doing it on a small scale because I'm not that sure of my opinion, I'll forget it entirely and go on to something I'm sure about.

我々は株主（パートナー）のみなさんが儲かった時だけ、みなさんと同じ割合で利益を得たいと思っています。さらに、私が何かばかなことをしでかした時は、私もみなさんと同じ割合で損失を被っているという事実から、多少の鬱憤を晴らしていただきたいと思います。

――The Essays of Warren Buffet　１９９７年

We want to make money only when our partners do and in exactly the same proportion. Moreover, when I do something dumb, I want you to be able to derive some solace from the fact that my financial suffering is proportional to yours.

バークシャーが所有するよい企業は、いくら高い値でも売るつもりはありません。また、標準以下の企業でも、多少の現金を稼ぐことが期待でき、経営者に好感が持てて、労使関係も良好なかぎり、売りたくありません。

Regardless of price, we have no interest at all in selling any good businesses that Berkshire owns. We are also very reluctant to sell subpar businesses as long as we expect them to generate at least some cash and as long as we feel good about their managers and labor relations.

……（事あるごとに、最も見込みのない企業を捨てていく）ジン・ラミー（*カードゲームの一種）のようなやり方は、我々の経営スタイルではないのです。そんなことをするくらいなら、我が社全体の業績に少し不利益が生じるほうがましです。

――The Essays of Warren Buffet　1997年

... Gin rummy managerial behavior (discard your least promising business at each turn) is not our style. We would rather have our overall results penalized a bit than engage in that kind of behavior.

投資について考える

投資について考えるのに一番いい方法は、誰もいない部屋にこもって、ただ考えることです。それでうまくいかないなら、何をしてもうまくいかない。

――フロリダ大学での講演　1998年10月15日

The best way to think about investments is to be in a room with no one else and to just think. If that doesn't work, nothing else is going to work.

Berkshire
Hathawa

ほどよく稼ぐための分散投資

世間一般よりずっと大きなリターンを手に入れることを目標にするのでなければ、極端な分散投資をするのがいいでしょう。つまり、投資をする人の98〜99パーセントは、幅広く分散投資して、そのまま売買はしないほうがいいと思います。そうすれば、非常に低いコストで、インデックスファンド並みのスコアを最終的

If your goal is not to manage money in such a way as to get a significantly better return than the world, then I believe in extreme diversification. So I believe 98 or 99 percent of people ... who invest should extensively diversify and not trade, so that leads them to an index fund type of decision with very low costs.

に上げることができます。そういう人々がしているのは、まさにアメリカ合衆国の一部を保有することです。彼らはアメリカの一部を保有することには価値があるという判断をしたのです。

――フロリダ大学での講演 1998年10月15日

All they're going to do is own a part of America and they have made a decision that owning part of America is worthwhile.

有望株は6社あれば十分

いくつかの業界について熟知している人でも、6社以上の株は保有すべきではないでしょう。素晴らしい企業を6社見つけることができれば、それで十分な分散投資になりますし、大金を稼ぐことができます。

If you really know businesses, you probably shouldn't own six of them. If you can identify six wonderful businesses, that is all of the diversification you need, and you're going to make a lot of money, and I will guarantee you that going into a seventh one ..., rather than putting more money into your first one, has got to be a terrible mistake.

その6社のうちの一番の有望株に再投資する代わりに7番目の企業に投資したりすれば、それは大変な間違いです。
7番目の有望株で金持ちになれることはめったにありません。

――フロリダ大学での講演　1998年10月15日

Very few people have gotten rich on their seventh best idea.

短期売買で儲かるのは仲介人

ウォール街は株が売買されれば儲かります。投資家は売買をしないことで儲かります。もしもこの部屋にいる全員が、それぞれの持ち株を毎日売り買いし合ったら、全員が破産し、仲介人がすべての金を手

Wall Street makes its money on activity. You make your money on inactivity. If everybody in this room trades their portfolio around every day with every other person, you're all going to end up broke. The intermediary is going to end up with all the money.

にして終わりです。
反対に、もし全員がいくつかの平均的な企業の株を50年間保有していたら、全員がかなりの金を手にして、仲介人は破産するでしょう。

――フロリダ大学での講演　1998年10月15日

On the other hand, if you all own stock in a group of average businesses and just sit here for the next 50 years, you'll end up with a fair amount of money and your broker will be broke.

我々は、あらかじめ売却の目安となる価格を念頭に置いて何かを買うことはありません。つまり、ある株を30ドルで買う時に、それが40ドルになったら売ろうとか、50ドルか60ドルか100ドルになったら

We never buy something with a price target in mind. We never buy something at 30 saying if it goes to 40 we'll sell it, or 50 or 60 or 100.

売ろうとか考えることはないのです。企業を見る時に問題にするのは、それが長期的に利益を上げ続けるかどうかです。その答えがイエスなら、ほかには何も問題はありません。

――フロリダ大学での講演　1998年10月15日

The way to look at a business is, is this going to keep producing more and more money over time? And if the answer to that is yes, you don't need to ask any more questions.

ゴシップ・アプローチ

私は若い頃、さまざまな業界に精通するために、ずいぶんと努力しました。そのためによくやったのは、フィル・フィッシャーが「ゴシップ・アプローチ」と呼んでいた方法です。

それは、顧客の話を聞いたり、ときには元従業員の話を聞いたり、納入業者の話を聞いたり、とにかくあらゆる関係者の話を聞くんです……例えば、石炭産業に興味を持ったとしたら、すべての石炭会社を訪ねて、

I did a lot of work in the earlier years just in getting familiar with businesses. The way I would do that is I would go out and use what Phil Fisher called *the scuttlebutt approach*. I'd go out, I'd talk to customers, I'd talk to ex-employees in some cases, I'd talk to suppliers—everybody. ... Let's say I was interested in the coal industry.

すべてのCEOにこう尋ねます。

「もしあなたが自分の会社以外の石炭会社1社の株を買うとしたら、どの社の株を買いますか？　その理由は？」

そうやって聞いた情報をまとめていくと、しばらくしたら、その業界についてずいぶん詳しくなれます。


――フロリダ大学での講演　1998年10月15日

I'd go out and see every coal company and I'd ask every CEO, "If you were to only buy stock in one coal company that wasn't your own, which would it be and why?" And you piece those things together and you learn a lot about the business after a while.

コカ・コーラと幸せ

コカ・コーラは世界中で幸せな人々を連想させます……例えばディズニーランドやディズニーワールドやワールドカップやオリンピックなど、人々がハッピーになれるあらゆる場所にコカ・コーラのイメージが結びついています。幸せとコークはセットになっているんです。

仮に誰かが私に金をくれて――いく

Coca-Cola is associated with people being happy around the world... Disneyland or Disney World, at the World Cup, or at the Olympics— every place that people are happy. Happiness and Coke go together. Now you give me—I don't care how much money—and tell me that I'm going to do that with RC Cola around the world and have 5 billion people that have a favorable image about RC Cola?

らかかるかは別問題として――、同じことをローヤルクラウン・コーラでやれと言ったとしても、世界中の50億人の人間に、ローヤルクラウン・コーラについてよいイメージを持たせることができるでしょうか？　無理でしょう。……我々が企業に求めるのはそういうものです。

――フロリダ大学での講演　1998年10月15日

You can't get it done. ...And that's what you want to have in a business.

コカ・コーラのよさ

コカ・コーラは後味が残りません。朝9時に飲んで、11時にも飲めるし、午後3時にも5時にも飲めます――午後5時に飲んだものは、朝9時に飲んだものと同様においしく感じられます。クリームソーダやルート・ビアやオレンジジュースやグレープジュースなんかだとそうはいきません――どれも後味が残るからです。

Cola has no taste memory. You can drink one of these at nine o' clock, eleven o' clock, three o' clock, five o' clock—the one at five o' clock will taste just as good to you as the one you drank earlier in the morning. You can't do that with cream soda, root beer, orange, grape—you name it. All of those things accumulate on you. ... You get sick of them after a while.

……だからしばらくすると、もう飲みたくなくなる……つまり、コカ・コーラは世界中の人々にヘビーユーザーになってもらえるということです。1日に5杯、ダイエットコークの場合は7杯も8杯も飲んでもらえる。ほかの製品では絶対にあり得ないことで、だからコカ・コーラは1人あたりの消費量が非常に多くなるのです。

――フロリダ大学での講演　1998年10月15日

... And that means that you get people around the world that are heavy users, that will drink five a day or [with] Diet Coke maybe seven or eight a day or something of the sort. They'll never do that with other products, so you get this incredible per capita consumption.

3つの資質

オマハにピート・キーウィットという経営者がいて、彼はつねづね、人を雇う時は3つの資質に注目すると言っていました。3つの資質とは、誠実さ、知性、エネルギーです。しかし、もし誠実さがなければ……知性やエネルギーがあっても

There was a fellow that—Pete Kiewit, in Omaha—used to say that he looked for three things in hiring people. He looked for integrity, intelligence, and energy. And he said if a person didn't have the first...that the latter two would kill him. Because if they don't have integrity, you want 'em dumb and lazy. You don't want 'em smart and energetic.

意味がないとも言っていました。なぜなら、誠実でない人物には愚かで怠け者であってほしいからです。

誠実でない人物が、頭が切れてエネルギッシュだったら危険です。

――フロリダ大学での講演　1998年10月15日

ちょっと考えてみてください。もしもクラスメイトの1人の今後一生分の稼ぎの10％をもらえるとしたら……誰を選びますか？……一番IQの高い人物を選びますか？それはどうかと思いますね。一番成績のいい人物を選びますか？それもどうかと思います。最もエネルギッシュな人物や、もっとも独創的な人物でさえ適当ではないでしょう。おそらくみなさんは、それらに加えて、性格的な要素を求めるはずです。

Think for a moment that I granted you the right to buy 10 percent of one of your classmates for the rest of his or her lifetime. ... Which one are you going to pick? ... Pick the one with the highest IQ? I doubt it. Are you going to pick the one with the best grades? I doubt it. You're not even going to pick the most energetic one necessarily or the one that displays initiative, but you're going to start looking for qualitative factors in

なぜなら、知性やエネルギーは、ここにいる誰もが十分に持っているからです。……たぶんみなさんが選ぶとしたら、自分が一番素直に従うことができる人物、つまりリーダーシップのある人物を選ぶのがいいでしょう。そういう人物は、人の利益を叶えることができます。寛大で誠実で、自分のアイデアであっても人に花を持たせるような人物です。

——フロリダ大学での講演　1998年10月15日

addition, because everyone has enough brain power and energy. ... You'd probably pick the one who you responded the best to. The one that was going to have the leadership qualities. The one that was going to be able to get other people to carry out their interests. That would be the person who was generous and honest, and who gave credit to other people even for their own ideas.

衝動をコントロールする

投資で成功するかどうかと知能指数は、IQ25以上なら関係ありません。平均並みの知能さえあれば、そのほかに必要なのは、投資をする際にトラブルの元となりがちな衝動をコントロールできる気質です。

――『ビジネスウィーク』誌　1999年7月5日

Success in investing doesn't correlate with IQ once you're above the level of 25. Once you have ordinary intelligence, what you need is the temperament to control the urges that get other people into trouble in investing.

PART 3

頂点

2002-2004

世界を代表する投資家となった
バフェット。
大いなる富を手にした者が今語る、
投資と人生において
欠かせないものとは？

ウォーレン・バフェットの歩み PART3

2000

資産管理サービス会社カーソン・グループにより、20世紀最高の投資家に選ばれる。

アクメ・ビルディング・ブランズとショー・インダストリーズとベンジャミン・ムーアとジョンズ・マンビルを買収。

2月、バークシャー・ハサウェイの売り注文が相次ぐ。この要因はヤフーのインターネット掲示板にて「ウォーレン・バフェットは入院して、危篤状態にある」といった虚偽の書き込みが相次いだためだった。バフェットはプレスリリースを流すが、その週にバークシャー・ハサウェイの株は11%下落してしまう。

バークシャー・ハサウェイの「保有株の一部を非公開にしたい」との要望を米証券取引委員会が却下する。これにより、バークシャー・ハサウェイは優良株を拾い上げるよりも、会社を丸ごと買収する方針に転換を図る。

ハイテク株への投資を避けたことでバークシャー・ハサウェイの株価が下落。同社の年次報告書にて、バフェットは自身に「D」評価を下す。その最中、腎臓結石のため、入院生活を余儀なくされる。

バフェットと昼食する権利をかけたオークションが開催される。

2001

9月、アメリカ同時多発テロ。

11月、ＩＴバブル崩壊。

2002

株主への手紙にて、デリバティブ投資の中毒性、リスクを訴える。

2003

プレハブ住宅とトレーラーハウスメーカーのクレイトン・ホームズの買収を発表。

「フォーチュン」誌が「ビジネス界でもっとも力のある人物」としてバフェットを紹介する。

妻スーザンがステージ３の口腔がんであることが発覚。

2004

妻スーザンが脳卒中により死去。

くだらない専門用語

くだらない専門用語は深く考える際の敵です。どこかの会社や投資のプロが「イービットディーエー」とか「プロフォーマ」とかいう言葉を使ってきたら要注意です。彼らはあなたを深く考えられない状態にして、ひどい欠陥のあるア

Bad terminology is the enemy of good thinking. When companies or investment professionals use terms such as *EBITDA* or *pro forma*, they want you to unthinkingly accept concepts that are dangerously flawed. (In golf, my score is frequently below par on a *pro forma* basis: I have firm plans to *restructure* my putting stroke and therefore only count the swings I take before reaching the green.)

イデアを信じこませようとしているのです（ちなみに私のゴルフのスコアは「プロフォーマ」ベースではたびたびアンダーパーになります。パット数を「リストラクチャー」する堅実なプランがあるため、グリーンに乗るまでの打数だけ数えればいいからです）。

――バークシャー・ハサウェイ株主への手紙　２００２年２月

投資家にとってのチャンス

市場が愚かなふるまいをすればするほど、有能な投資家には大きなチャンスが生まれます。

――『賢明なる投資家』序文　2003年

The sillier the market's behavior, the greater the opportunity for the businesslike investor.

初めて買った株

初めて株を買ったのは11歳の時です。興味を持ったのはもっと幼い頃だったから、もっと早く買ってもよかったはずです。でも、株を買うために120ドル貯めるのに11歳までかかってしまいました。その時はシティーズ・サービスという石油会社の優先株を38ドルで3株買いました。それが27ドルまで下落しました。こういうことは忘れません。姉も一緒に3株買っていました。姉は私だけ金持ちになるのがいやだったん

I bought my first stock when I was 11. I don't know why I waited so long, I was interested much earlier. But it took me until I was 11 to get the 120 bucks to buy it. I bought three shares of Cities Service, preferred at 38. It went to 27—you remember these things. My sister bought three shares with me. She couldn't stand the idea that I was going to get rich and she wasn't.

です。２人で歩いて学校へ行く道すがら、姉は株が下がった、下がったと言い続けました。株価が40ドルまで持ち直した時、私はそれを売りました。私も姉も、５ドルずつ儲けました。ところが、その株はのちに２００ドル以上まで上がったのです。通学の途中に株についてきょうだいと話すと、ろくなことがありません。

――ジョージア工科大学同窓会誌　２００３年冬

We would walk to school and she kept reminding me as the stock went down. When it got back up to 40, I sold it. We each made $5 on our three shares. It went to 200 and something afterward. It doesn't pay to talk to your sister about your stocks on the way to school.

不作為のミス

私はこれまで、大きな不作為のミスをいろいろと冒してきました。何かをした結果のミスは数字に表れます。何かを1ドルで買って、50セントで売ったとしたら、その損失は明らかです。……我々はそういうミスは比較的小さなものしか冒していません。そういうミスはあまり気になりません。

I've made all kinds of huge mistakes of omission. The ones of commission show up in accounting. If I buy something for $1 and sell it for 50 cents, it shows up. ...We've made relatively minor mistakes of commission. Those aren't the ones that bother me.

私が問題にしているのは、自分が自信を持つ領域で、自分には理解できるはずで、実際理解していたのに、何もしなかったという類のミスです。

私はただ親指をくわえてものほしそうに見ていただけで、そういうのは大きなミスです。

――ジョージア工科大学同窓会誌　２００３年冬

The acts of omission that I'm talking about are things within my circle of confidence, things I could understand, did understand, and didn't do anything about. I was sucking my thumb. Those are the big mistakes.

富は気質を増幅させる

金は人の気質を増幅させます。歳を取ることも同じような効果をもたらしますが、金を持つことによって、気質が増幅されるのです……よい面も悪い面も両方とも。だらしのない人間が金を手にすると、非常にだらしのない人間になりがちです。

What money does is magnify you. Whatever kind of person you are going in—and age does this too as people get older—it magnifies both ... good and bad tendencies. Money gives you a chance if you're a slob to be a big slob—a huge slob.

一方、どちらかと言えばよいことをする人間だった場合は、金を持てば大いに素晴らしいことができるようになります。

——ジョージア工科大学同窓会誌　２００３年冬

On the other hand, if you're inclined toward doing good things, it gives you the power to do a great many great things.

最高の投資先

あなたにとって最高の投資先はあなた自身です。それに勝るものはありません。

——ジョージア工科大学同窓会誌　２００３年冬

Your best investment is yourself. There is nothing that compares to it.

いやな仕事

胃がむかむかするような人々と一緒に働かなくてはならないのなら、別の仕事に就いたほうがいいと思います。

そんないやな仕事に耐えるのは、恐ろしい人生の過ごし方です。

人生は一度しかないのですよ。


――ジョージア工科大学同窓会誌　２００３年冬

If you work with people who cause your stomach to churn, I'd say get another job. That is a terrible way to go through life, and you only go through life once.

仕事は自分の好きなことをするべきです。仕事に対して情熱を持たないといけません。そうでなければ、ほかの仕事をしたほうがいい。どこかにあなたに合った仕事があります。

自分が楽しめることをやっているかぎり、それで稼げるのが

You gotta do what you love. You've got to have a passion for it. If you're not doing it, get into something else. There is something out there for you. ... As long as you are doing something that you enjoy, it doesn't really make a difference whether you've got $10 million or $100 million or $1 million.

１０００万ドルか、１億ドルか、
１００万ドルかは大した問題では
ありません。
人生で自分のしたいことがだいた
いできるくらいは稼げたほうがい
いでしょうが、それにはそんなに
大金はいりません。

――ジョージア工科大学同窓会誌　２００３年冬

You want to have enough so you can do most of the things in life you like doing. That doesn't take a fortune.

私くらいの年齢になると、自分が愛されたいと望んでいる人々のうち、何人が本当に自分を愛しているかで人生の成功を計るようになります。

私は金をたくさん持っている人物をたくさん知っています。その人のために謝恩晩餐会が催されたり、その人の名を冠した病棟があったりする

When you get to my age, you'll really measure success in life by how many of the people you want to have love you actually do love you. I know people who have a lot of money, and they get testimonial dinners and they get hospital wings named after them.

ような人物です。

そういう人物が、実際は世界中の誰からも愛されていなかったりする。

私くらいの年齢になって、誰からもよく思われていなかったら、銀行の口座にいくら金が貯まっていようが、[その人生は]みじめなもんです。


――ジョージア工科大学同窓会誌　２００３年冬

But the truth is that nobody in the world loves them. If you get to my age in life and nobody thinks well of you, I don't care how big your bank account is, [your life] is a disaster.

役員報酬

バークシャーでは、取締役たちにとって報酬が無意味になるように、ほんのわずかな額しか払っていません。また、我が社がなんらかの災難に遭遇した時に、取締役たちだけが無傷でいられることがないように、取締役のための賠償責任保険をかけていません（これは異例の措置ですが、当然ながら、そのおかげで我が社の株主はこれまでに何百万

At Berkshire, wanting our fees to be meaningless to our directors, we pay them only a pittance. Additionally, not wanting to insulate our directors from any corporate disaster we might have, we don't provide them with officers' and directors' liability insurance (an unorthodoxy that, not so incidentally, has saved our shareholders many millions of dollars over the years).

ドルも節約できています）。

基本的に我が社では、取締役たちが会社からもらえる報酬を気にするのではなく、自分の下す判断が自分の個人資産にどう影響を及ぼすのかを気にしながら仕事に励めるような仕組みになっています。

――バークシャー・ハサウェイ株主への手紙　２００３年２月

Basically, we want the behavior of our directors to be driven by the effect their decisions will have on their family's net worth, not by their compensation.

私が経営に関してお手本としているのは、エディー・ベネットというバットボーイ（＊野球で備品の世話をする係）です。

1919年、エディーは19歳の時、シカゴ・ホワイトソックスで仕事を始めました。その年、ホワイトソックスはワールドシリーズへ進出しました。翌年、エディーはブルックリン・ドジャーズに移籍し、ドジャーズもその年リーグ優勝しました。しかし我らがヒーロー、エディーはドジャーズには何

My managerial model is Eddie Bennett, who was a batboy.
In 1919, at age 19, Eddie began his work with the Chicago White Sox, who that year went to the World Series. The next year, Eddie switched to the Brooklyn Dodgers, and they, too, won their league title. Our hero, however, smelled trouble.

か問題があると感じました。

1921年、エディーはドジャーズからヤンキースに鞍替えし、ヤンキースは球団初のリーグ優勝を果たしました。この先のヤンキースの活躍を鋭く見越したエディーは、ようやく腰を落ち着けます。続く7年間、ヤンキースはアメリカン・リーグで5回優勝しました。これが企業経営とどう関係するかですか？　簡単です。勝者になるには勝者とともに働け、ということです。

――バークシャー・ハサウェイ株主への手紙　2003年2月

Changing boroughs, he joined the Yankees in 1921, and they promptly won their first pennant in history. Now Eddie settled in, shrewdly seeing what was coming. In the next seven years, the Yankees won five American League titles. What does this have to do with management? It's simple—to be a winner, work with winners.

コスト意識

バークシャーでは経費に対する意識を高く持つことを大切にしています。我々のお手本は、夫の死亡記事を載せるために地元新聞を訪れたある婦人です。１語につき25セントかかると言われた未亡人は「フレッド・ブラウン・死去」と書いてくれと頼みました。すると、最低でも7語必要だと言われます。そこで彼女は「分かりました」と言って、次のような文面にしました。「フレッド・ブラウン・死去。ゴルフ・クラブ・一式・譲ります」

――バークシャー・ハサウェイ株主への手紙　２００３年２月

We cherish cost-consciousness at Berkshire. Our model is the widow who went to the local newspaper to place an obituary notice. Told there was a 25-cents-a-word charge, she requested "Fred Brown died." She was then informed there was a seven-word minimum. "Okay," the bereaved woman replied, "make it 'Fred Brown died, golf clubs for sale.'"

PART 4

磐石

2006-2011

愛妻・スーザンとの死別を乗り越えるも、
「リーマンショック」こと
2008年世界金融危機が襲いかかる。
世界が揺れ動く中で、
バフェットの真の強さが明らかになる。

ウォーレン・バフェットの歩み　PART 4

2006

個人資産の80パーセント以上を5つの慈善事業団体に寄付することと、そのうち最も多くの寄付を受けるのはビル・アンド・メリンダ・ゲイツ財団であることを発表する。

アストリッド・メンクスと再婚する。

愛車の2001年製リンカーン・タウンカーをチャリティー・オークションに出品する。

10月23日、バークシャー・ハサウェイの株がアメリカの株式としてはじめて1株10万ドルを突破する。

2007

バークシャー・ハサウェイの経営をまかせる後継者を探していると発表する。

アメリカにて金融機関による過剰な貸し付けにより、資金が回収できない「サブプライムローン問題」が発生。

バークシャー・ハサウェイの時価総額が2000億ドルを突破する。

2008

9月15日、サブプライムローン問題の影響を受け、アメリカの大手投資銀行リーマン・ブラザーズの破産申請。これをきっかけに、株価が暴落し、「リーマンショック」とも呼ばれる世界的な金融危機が発生する。

『フォーブス』誌が発表する、国内に資産を持つアメリカ合衆国民のうち、純資産の総額が高いもの400人をリストアップした「フォーブス400」で1位を獲得する。当時の資産は620億ドルに及ぶ。

株式市場の暴落を機に、50億ドルをゴールドマンサックスに投資する。

ビル・ゲイツ、マーク・ザッカーバーク（フェイスブックCEO）とともに、将来的に資産の半分以上を慈善事業に寄付するという「ギビング・プレッジ（喜捨の誓約）」に署名。

昔、アイザック・ニュートン卿は3つの運動法則を発見しました。それはまさしく天才的な功績です。しかし、ニュートンの天才は投資にまでは及びませんでした。南海泡沫事件（*1720年、英国で南海会社の株価暴落をきっかけに起こった大恐慌）で大金を失い、のちにこう述べています。

Long ago, Sir Isaac Newton gave us three laws of motion, which were the work of genius. But Sir Isaac's talents didn't extend to investing: He lost a bundle in the South Sea Bubble, explaining later, "I can calculate the movement of the stars, but not the madness of men."

「私は星の動きは計算できるが、人間の狂気は計算できない」

もし彼がこの事件でトラウマを負っていなければ、運動の第4法則を発見していたかもしれません。

その法則とは、「投資家は全体として、（売買という）運動が増えるにつれてリターンが減る」というものです。

——バークシャー・ハサウェイ株主への手紙　2006年2月

If he had not been traumatized by this loss, Sir Isaac might well have gone on to discover the Fourth Law of Motion: *For investors as a whole, returns decrease as motion increases.*

幸運に恵まれた

１９５２年にスージーと結婚した時、「僕は金持ちになるよ」と彼女に言いました。それは私に特別な長所があったからではありませんし、勤勉だったからでさえありません。都合のよい能力を持って、都合のよい場所に、都合のよい時期に生まれたからにすぎないのです。

――『フォーチュン』誌　２００６年６月25日

When we got married in 1952, I told Susie I was going to be rich. That wasn't going to be because of any special virtues of mine or even because of hard work, but simply because I was born with the right skills in the right place at the right time.

大金持ちが自分の子どもに残すべき財産は、何でも好きなことができるくらいの額がいいのであって、何もする気が起きなくなるほど巨額であってはいけません。

――『フォーチュン』誌　２００６年６月25日

A very rich person should leave his kids enough to do anything but not enough to do nothing.

スージーも私も、莫大な財産を子どもたちに受け継がせるべきではないと考えていました。私たちの子どもはみな素晴らしい子です。しかし、家庭環境の面でも、教育の面でも、すべてにおいて恵まれた状況にあった彼らに、有り余るほどの金まで与えるのは、正しくないし、合理的でもありません。

Neither Susie nor I ever thought we should pass huge amounts of money along to our children. Our kids are great. But I would argue that when your kids have all the advantages anyway, in terms of how they grow up and the opportunities they have for education, including what they learn at home—I would say it's neither right nor rational to be flooding them with money.

実際、彼らは能力主義を標榜する社会で、極めて有利なスタートを切りました。その上王朝のように巨万の富を受け継がせることは、水平にすることを目指すべき競争のフィールドをさらに傾けることになります。

――『フォーチュン』誌　2006年6月25日

In effect, they've had a gigantic head start in a society that aspires to be a meritocracy. Dynastic megawealth would further tilt the playing field that we ought to be trying instead to level.

ゲイツ財団の2人

私はある分野でとんでもなく成功している2人を見つけました。彼らがその分野で成し遂げたことをこの目で見てきましたし、今後もその分野で活動を続けることを知っています。彼らはそれを自分たちの金を使ってやっていて、現実離れした夢を語っているわけではありません――そして私は彼らの考え方におおむね賛成しています。自分の目標に到達するために最適の乗り物が見つかったら、もう待つ必要はないでしょう。

私が彼らとともにやっていることは、バーク

I'm getting two people enormously successful at something, where I've had a chance to see what they've done, where I know they will keep doing it—where they've done it with their own money, so they're not living in some fantasy world—and where in general I agree with their reasoning. If I've found the right vehicle for my goal, there's no reason to wait.

シャーで私がやっていることと同じです。バークシャーでも私は才能と実績のある人々に経営を任せています。彼らはそれぞれの事業の運営において、私よりずっといい仕事をしています。何かを成し遂げたいと思った時には、それを自分よりうまくやれる人を見つけるのが、一番理に叶った方法です。大金のかかったゴルフの試合で、自分の代わりにタイガー・ウッズにプレイしてもらえるなら、それ以上のことはないでしょう?

——『フォーチュン』誌　2006年6月25日

Compare what I'm doing with them to my situation at Berkshire, where I have talented and proven people in charge of our businesses. They do a much better job than I could in running their operations. What can be more logical, in whatever you want done, than finding someone better equipped than you are to do it? Who wouldn't select Tiger Woods to take his place in a high-stakes golf game?

取締役会のメンバーを探しているコンサルタントやCEOは、「我々は女性を探しています」とか、「ヒスパニックを探しています」とか、「外国人を探しています」などと言います。まるでノアの箱舟に乗せる動物を探しているかのようです。

Consultants and CEO s seeking board candidates will often say, "We're looking for a woman," or "a Hispanic," or "someone from abroad," or what have you. It sometimes sounds as if the mission is to stock Noah's ark.

私はこれまでに何度も、取締役候補とされる人物について尋ねられたことがありますが、「彼は賢明なオーナーのような考え方をしますか？」と尋ねられたことはまだありません。

――バークシャー・ハサウェイ株主への手紙　２００７年２月

Over the years I've been queried many times about potential directors and have yet to hear *anyone* ask, "Does he think like an intelligent owner?"

優遇税率の異様さ

［ヘッジファンドの］運営者の言い分はこうです。我々はがんばって働いて、ほかの人々が儲けるのを手伝っている。しかしそれは世界中の誰もがやっていることです。だけど、そのことによって、みんなが優遇税率を適用されているわけではありません。

――NBCナイトリーニュース　2007年10月30日

[Hedge fund operators] say they work hard, and in the process of working hard, they make other people money. And that's true of a whole bunch of people in the world, but that doesn't entitle them to a preferential tax rate.

もしも遺産税として徴収される200億ドルかそこらの金がなくなれば、その分を国民全体からなんとかして徴収しなければなりません。巨額の遺産税を支払う数千人の遺族のために、それ以外の国民全体が自分の懐から金を出す。そんなことのためにアメリカの人々がこれほど奮闘するとは驚きです。

――The Snowball　2008年

If you eliminate the $20 billion or so raised by the estate tax, you've got to make the money up by taxing everybody else somehow. It's amazing how the American population will fight for the families of those few thousand people who pay large estate taxes and for the whole rest of the country to pay for it out of their pockets.

反抗期

［子どもの頃は］反抗ばかりしていました。教師から、とんでもない落伍者になるだろうと言われたこともあります。品行面の成績では、不可の数で新記録を作りました。

I was really rebelling [as a child]. Some of the teachers predicted that I was going to be a disastrous failure. I set the record for checks on deficiencies in deportment and all that. But my dad never gave up on me.

それでも父は私のことを見捨てたりしませんでした。母だってそうです。2人とも、絶対に私を見限ることはありませんでした。信じてくれる親がいるのは、素晴らしいことです。

――The Snowball　2008年

And my mother didn't either, actually. Neither one. It's great to have parents that believe in you.

スージーからは父と同じぐらい大きな影響を受けました。ある意味では、父以上かもしれない。私には、不快な状況から自我を守ろうとするいろいろな防衛機制があって、スージーにはそれを説明できたけれど、自分では説明できません。たぶん彼女には私の心の中のことが、ほかの人間には分からないよう

Susie was as big an influence on me as my dad, or bigger probably, in a different way. I had all these defense mechanisms that she could explain, but I can't. She probably saw things in me that other people couldn't see. But she knew it would take time and a lot of nourishment to bring it out.

なことまで分かったのでしょう。でも私がそれを表に出すには、じっくり長い時間と手間をかける必要があることも分かっていました。彼女のそばにいると、小さなじょうろを持って花がちゃんと育つように見守ってくれている人がいるという気持ちになりました。

―― The Snowball　２００８年

She made me feel that I had somebody with a little sprinkling can who was going to make sure that the flowers grew.

私はシスティーナ礼拝堂であおむけに寝転んで絵を描いているような感じなんですよ。誰かがそれを見て「やあ、いい絵ですね」と言ってくれればうれしい。でも、それは私の絵ですから、人から「青よりもっと赤を使ったほうがいい」などと言われたら、

I feel like I'm on my back and there's the Sistine Chapel, and I'm painting away. I like it when people say, "Gee, that's a pretty good looking painting." But it's my painting, and when somebody says, "Why don't you use more red instead of blue?" Goodbye.

ほっといてくれと思います。
私の絵なんですから。
その絵にいくらの値がつこうとどうでもいいんです。
描くことは決して終わらない。
それが素晴らしいところです。

――The Snowball 2008年

It's my painting. And I don't care what they sell it for. The painting itself will never be finished. That's one of the great things about it.

人々がどう行動するかは、スコアカードを自分の内側に持っているか、外側に持っているかによります。自分の内なるスコアカードの点数で満足できれば、よい行動につながるのです。

私はそれを説明するのに、いつもこんな質問をします。

The big question about how people behave is whether they've got an Inner Scorecard or an Outer Scorecard. It helps if you can be satisfied with an Inner Scorecard. I always pose it this way. I say:

「いいかい、世間からは最低の恋人だと思われているけど実際は世界一素晴らしい恋人と、世間からは最高の恋人だと思われているけど実際は最低の恋人と、どっちがいいと思う？」

――The Snowball　２００８年

"Look it. Would you rather be the world's greatest lover, but have everyone think you're the world's worst lover? Or would you rather be the world's worst lover but have everyone think you're the world's greatest lover?"

心身は一生もの

私が16歳になった時に、願い事を叶えてくれるランプの精が現れて、「ウォーレン、お前に好きな車をあげよう。明日の朝、大きなリボンをかけて、まっさらな状態でここに届く。お前専用の車だ」と言ったとしましょう。その手のおとぎ話をよく知っている私は「何か罠があるんじゃないの？」と聞きます。するとランプの精は「罠と言えば、１つだけだ。その車はお前が人生で手に入れるたった1台の車になる。だから、一生使えるようにしなくてはいかんぞ」その車に一生乗らなくてはいけないと分かって、

Let's say that when I turned 16, a genie appeared to me. And that genie says, "Warren, I'm going to give you the car of your choice. It'll be here tomorrow morning with a big bow tied on it. Brand-new. And it's all yours." Having heard all these genie stories, I would say, "What's the catch?" And the genie would answer, "There's only one catch. This is the last car you're ever going to get in your life. So it's got to last a lifetime." Can

私はいったいどうするでしょう? きっと取り扱い説明書を5回は読むでしょう。家では必ず車庫に入れるでしょう。少しでも傷やへこみを見つけらたら、錆びたりしないようすぐさま修理に出すでしょう。……自分の心と体のケアに関して必要なのは、まさにそういう姿勢です。人生では、たった1つの心と体しか与えられません。それを一生使い続けなければならないのです。

――The Snowball 2008年

---

you imagine, knowing it had to last a lifetime, what I would do with it? I would read the manual about five times. I would always keep it garaged. If there was the least little dent or scratch, I'd have it fixed right away because I wouldn't want it rusting. ...That's the position you're in concerning your mind and body. You only get one mind and body. And it's got to last a lifetime.

時価で一喜一憂しない

面白いことに、ダウ平均が1万4000超えとか1万5000超えとか、1000ドル上昇するたびに、テレビでコメンテーターたちが発作でも起こしたように大騒ぎします。20世紀にダウ平均は年率5・3パーセントで上昇してきたのですから、コメンテーターたちがいまの調子で驚いていたら、今後92年のうちに少なくとも1986回発作を起こさねばなりません。

――バークシャー・ハサウェイ株主への手紙　2008年2月

It's amusing that commentators regularly hyperventilate at the prospect of the Dow crossing an even number of thousands, such as 14,000 or 15,000. If they keep reacting that way, a 5.3 percent annual gain for the century will mean they experience at least 1,986 seizures during the next 92 years.

多くの助言者［投資アドバイザー］は、どうやら『不思議の国のアリス』に出てくる女王の直系の子孫らしい。その女王はこう言いました。「あら、私は朝食前に6つも不可能なことを信じたことがあるわよ」こういう口の達者な助言者たちによって、頭の中に夢物語を詰めこまれないように気をつけてください。彼らはそうやって手数料を自分の懐に詰めこんでいるのですから。

――バークシャー・ハサウェイ株主への手紙　2008年2月

Many helpers [investment advisors] are apparently direct descendants of the queen in *Alice in Wonderland*, who said: "Why, sometimes I've believed as many as six impossible things before breakfast."
Beware the glib helper who fills your head with fantasies while he fills his pockets with fees.

磐石

2006-2011

本当に素晴らしい企業には、しっかりした堀が巡らされていて、投下資本利益率を守っています。

資本主義の力学によって、高い利益を上げている企業の本丸には、競争相手が必ず繰り返し攻撃を仕掛けてきます。

したがって、（ガイコやコストコのように）ローコストで利益を生み出せるとか、（コカ・コーラやジレットやアメリカン・エキスプレスのように）強力な世界的ブランドを持つとかい

A truly great business must have an enduring *moat* that protects excellent returns on invested capital.
The dynamics of capitalism guarantee that competitors will repeatedly assault any business *castle* that is earning high returns.
Therefore a formidable barrier such as a company's being the low-cost producer

う強固な防御策のあることが、成功を
維持するには不可欠なのです。
ビジネスの歴史には、華々しく輝いて
はすぐに消える打ち上げ花火のような
企業があふれています。
そういう企業には、すぐに越えられる
見掛け倒しの堀しかなかったのです。

――バークシャー・ハサウェイ株主への手紙　2008年2月

(GEICO, Costco) or possessing a powerful world-wide brand (Coca-Cola, Gillette, American Express) is essential for sustained success.
Business history is filled with *Roman candles*, companies whose moats proved illusory and were soon crossed.

チャーリーと私は（a）我々が理解できる領域で、（b）長期的に経済状況が良好で、（c）有能で信頼できる経営陣がおり、（d）そこそこの価格の企業を探しています。できれば企業をまるごと買いたいし、経営者が株主（パートナー）として残る場合でも、少なくとも80パーセントは所有したい。

Charlie and I look for companies that have *(a)* a business we understand; *(b)* favorable long-term economics; *(c)* able and trustworthy management; and *(d)* a sensible price tag. We like to buy the whole business or, if management is our partner, at least 80 percent.

しかし、大きくて素晴らしい企業の場合は、経営権を掌握するような買収が不可能であっても、株式市場を通じて一部を買うだけでも満足です。模造ダイヤをまるごと所有するより、ホープダイヤモンド（＊インド産の世界最大のブルーダイヤモンド）の所有権を一部でも持っているほうがよいですから。

――バークシャー・ハサウェイ株主への手紙　２００８年２月

When control - type purchases of quality aren't available, though, we are also happy to simply buy small portions of great businesses by way of stock - market purchases. It's better to have a part interest in the Hope Diamond than to own all of a rhinestone.

貪欲さと慎重さ

私はごく単純なルールに従って投資しています。みんなが貪欲になっている時は慎重に、そしてみんなが怖がって慎重になっている時は貪欲にやるのです。

――『ニューヨークタイムズ』紙　2008年10月16日

A simple rule dictates my buying: Be fearful when others are greedy, and be greedy when others are fearful.

過去の財務データを調べるだけでこの先どうなるのか分かるなら、フォーブスの長者番付には図書館司書の名前がずらりと並ぶことでしょう。

——バークシャー・ハサウェイ株主への手紙　２００９年２月

If merely looking up past financial data would tell you what the future holds, the Forbes 400 would consist of librarians.

適正価格

靴下（ソックス）も株（ストックス）も、よいものに安い値がついている時に買いたい。

――バークシャー・ハサウェイ株主への手紙　2009年2月

Whether we're talking about socks or stocks, I like buying quality merchandise when it is marked down.

チャンスを逃さない

今日、魅力的なものを、明日はもっと魅力的になるだろうと思って見逃してはいけません。

――コロンビア大学でのトークイベント　2009年11月12日

Don't pass up something that's attractive today because you think you will find something way more attractive tomorrow.

世の中は、こんなお買い得品があるよ、と教えてはくれません。掘り出しものは自分で見つけなければならないのです。

――コロンビア大学でのトークイベント　２００９年11月12日

The world isn't going to tell you about great deals. You have to find them yourself.

疫病の流行やなんかで儲ける葬儀屋みたいに思われるのはいやですが、昨年［2008年］の秋は私にとってはとてもわくわくする時期でした。あんなことが起こって人が苦しむのを望んでいるわけではありません。

I don't like to sound, you know, like a mortician during an epidemic or anything, but last fall [of 2008] was really quite exciting for me. I don't wish it on anybody, but there were things being offered.

しかし、あの時はいろいろなチャンスが提供されたのです。それは我々にとって行動すべきチャンスで、1年前や2年前には存在しなかったものでした。

――コロンビア大学でのトークイベント　2009年11月12日

There are opportunities for us to do things that didn't exist a year or two earlier.

よい人と結婚しなさい。これは冗談ではありません。よい人と結婚をすると、人生に大きなプラスになります。自分の夢から何から、すべてのことが変わります。誰と結婚するかということが、非常に重要なのです。

――コロンビア大学でのトークイベント　2009年11月12日

Marry the right person. And I'm serious about that. It will make more difference in your life. It will change your aspiration, all kind of things. It's enormously important who you marry.

意見を聞く相手

私は幸いなことに、正しい基礎を非常に早い時期に身につけました。その後は基本的に誰の意見も聞きません。毎朝、鏡をのぞきこむだけです。鏡はいつも私の意見に賛成してくれます。

――コロンビア大学でのトークイベント　２００９年11月12日

I was lucky enough to get the right foundation very early on. And then basically I didn't listen to anybody else. I just look in the mirror every morning and the mirror always agrees with me.

あなたが私の立場、つまり金は何の意味もないという立場にいたらやるだろうと思うことをやりなさい。
私は79歳ですが……毎日、仕事をしています。それは私にとって仕事がこの世でほかの何よりもやりたいことだからです。

Do what you would do if you were in my position, where the money means nothing to you At 79 ... I work every day. And it's what I want to do more than anything else in the world.

そんな状況に人生の早い段階で近づけば近づくほど、人生でより多くの楽しみを味わえることが分かるでしょう。そして仕事も本当にうまくできるようになるでしょう。

――コロンビア大学でのトークイベント　２００９年11月12日

The closer you can come to that early on in your life, you know the more fun you're going to have in life and really the better you're going to do.

チャーリーと私は、いくら素晴らしい製品を作っていようと、その将来が我々に予測できないような企業は避けるようにしています。過去には（1910年代の）自動車や（1930年代の）飛行機や（1950年代の）テレビなど、素晴らしい成長が見込めるのが誰の目にも明らかな業界がありました。

Charlie and I avoid businesses whose futures we can't evaluate, no matter how exciting their products may be. In the past, it required no brilliance for people to foresee the fabulous growth that awaited such industries as autos (in 1910), aircraft (in 1930), and television sets (in 1950).

しかし、その後、それらの業界には激しい競争が起こり、そこに参入した企業のほとんどが消えていきました。生き残った企業も、傷を負ってその分野から撤退する場合が多かったのです。……バークシャーでは、今後数十年の利益予想が立てやすい企業に限って投資をしていきます。

――バークシャー・ハサウェイ株主への手紙　２０１０年２月

But the future then also included competitive dynamics that would decimate almost all of the companies entering those industries. Even the survivors tended to come away bleeding. ... At Berkshire we will stick with businesses whose profit picture for decades to come seems reasonably predictable.

ウォール街の価値

ウォール街は全体として、関係者の数やIQや費やされるエネルギーの割に、たくさんの金を儲けている、と言えます。もちろん、ウォール街の人間は猛烈に働いているし、頭もいいけれど……例えば、どこかでダムを造っている人々や、ほかの多くの仕事に就いている人々と比べて……それほどきつい仕事をしているわけではないし、それほど頭がいいわけでもありません。

――金融危機調査委員会での発言　2010年5月26日

The nature of Wall Street is that overall it makes a lot of money relative to the number of people involved, relative to the IQ of the people involved, and relative to the energy expended. They work hard, they're bright, but...they don't work that much harder or [aren't] that much brighter than somebody that...is building a dam someplace, you know, or a whole lot of other jobs.

楽に金儲けをしない

人々は楽に金儲けができると思うと、変わろうという気がなくなります。特に、「こんな楽な儲け話があるんだぞ」と誰かに言われて、それから1か月か2か月後に近所の知り合いがいくらか儲けたと聞くと、それはもう——その誘惑に抵抗するのは非常に難しい。

——金融危機調査委員会での発言　2010年5月26日

When people think there's easy money available they're not inclined to change. Particularly if somebody said a month or two ago, "Watch out for this easy money," and then their neighbors made some more money in the ensuing month or two, it's just—it's overwhelming.

取締役会にリスクを負わせる

大きすぎてつぶせないという企業は常に存在するでしょうし、今後100年のうちにそのいくつかがつぶれることもあるでしょう。その数を減らすには、企業のトップや、そのトップを選んだりトップに適用される規定を決めたりする取締役会が、倒産の際に失うものを大きくすればいいのです。

――金融危機調査委員会での発言　2010年5月26日

You will always have institutions too big to fail, and sometimes they will fail in the next 100 years. But you will have fewer failures if the person on top and the board of directors who select that person and who set the terms of his or her employment if they have a lot to lose.

ビジネスでは（野球と違って）、本当の打率は分かりません。だから誰もが、自分は打率3割2分のバッターだと言います。そして取締役会も、我々のCEOは打率3割2分だと言わざるを得ません。なぜなら、取締役会は、打率2割5分のバッターを選んでしまった責任を負いたくないからです。

――金融危機調査委員会での発言　2010年5月26日

Nobody knows in business whether you're batting .320 or not so everybody says they're a .320 hitter. And the board of directors has to say, well, we've got a .320 hitter, because they couldn't be responsible for picking a guy that bats .250.

価格決定権のある企業

企業を評価する際の、唯一の、最も重要な判断材料は、価格決定権です。競争相手に顧客を奪われることなく商品の価格を上げることができれば、それはとてもいい会社です。一方、商品の価格をほんのちょっと上げるのにお祈りをしなくてはいけないような会社はよくない会社です。

――金融危機調査委員会での発言　2010年5月26日

The single most important decision in evaluating a business is pricing power. You've got the power to raise prices without losing the business to a competitor, and you've got a very good business. And if you have to have a prayer session before raising the price by a tenth of a cent, then you've got a terrible business.

私が得た最も大きな教訓は、無条件の愛がいかに大きな力を持つかということです。無条件の愛を自分の子どもに捧げれば、人生でやるべきことの90パーセントはやったようなものです。もし世界中のすべての親が自分の子に、幼いうちから無条件の愛を与えることができれば――それは人類がよりよくなることにつながるでしょう。

――『ハフィントンポスト』（＊オンラインニュース）
２０１０年７月８日

The biggest lesson I got is the power of unconditional love. If you offer that to your child you're 90 percent of the way home. If every parent out there can extend that to their child at a very young age—it's going to make for a better human being.

忍耐

「キャピタルシティーズ／ABCのCEOの」トム・マーフィーが40年前のある日、こう言いました。「いいかい、ウォーレン、誰かに『くたばりやがれ』と言うのは明日でも言える。明日まで待ったからといって、それを言う権利を失うわけじゃない。だから今日はがまん

[Capital Cities/ABC CEO] Tom Murphy, 40 years ago, said to me one day, "You know, Warren, you can tell a guy to go to hell tomorrow. You don't give up the right. So just keep your mouth shut today, and see if you feel the same way tomorrow." That's terrific advice. I don't know how many problems that's saved me.

して口をつぐんでおくんだ。そして明日になってから、やっぱり『くたばりやがれ』と言いたいかどうか考えるんだ」

これは素晴らしいアドバイスでしたね。そのおかげで、どれだけトラブルを避けられたことか。

――『ハフィントンポスト』　２０１０年７月８日

投資は競技ではない

技の難易度はオリンピックでは重視されます。でも、ビジネスでは難易度は関係ありません。とても難しいことを成し遂げたからといって加点されることはないのです。だから、無理して7フィートのバーを跳び越えようとしなくても、1フィートのバーをまたいで越えたほうがいい。

――CNBCテレビ 2010年10月18日

Degree of difficulty counts in the Olympics; it doesn't count in business. You don't get any extra points for the fact that something's very hard to do, so you might as well step over one - foot bars rather than try to jump over seven-foot bars.

PART 5

還元

2011-2013

病を患いながらも
見事に復活を遂げたバフェット。
巨額の資産を自らの子どもにではなく、
世界に分配する意思を強め、
世界にはびこる貧富の格差に
自ら鋭く切り込んでいく。

ウォーレン・バフェットの歩み PART5

2011

裕福なアメリカ人に課される税率が低すぎると主張する。それを受けて、バラク・オバマ大統領が年収100万ドル以上の個人の税率を引き上げる税制法案、いわゆる「バフェットルール」を提案する。

11月、初来日。バークシャー・ハサウェイの孫会社にあたるタンガロイの新工場視察のため、福島県を訪れる。

ワシントン・ポストの取締役を引退する。

IBMへの投資を始める。

2012

ステージ1の前立腺がんで放射線治療を受けることを公表し、9月にはその治療サイクルが終了したことを公表する。

2013

バークシャー・ハサウェイの子会社ミッドアメリカン・エナジー・ホールディングスがカリフォルニアの2つの太陽光発電事業をおよそ20億ドルで買収する。

ブラジルの3Gキャピタル・マネジメントと共同で米食品大手ハインツを280億ドルで買収す

る。

エクソン・モービルの株式を取得する。

レバレッジ中毒

レバレッジが効くと、利益が大きくなります。夫や妻に賢いと言われ、近所の人に羨ましがられます。

しかしレバレッジは中毒性があります。その魔法のような力で一度得をすると、もっと地道なやり方に戻ろうという人はほとんどいません。

みんなが小学3年生の時に学んだように――中には2008年に改めて学んだ人もいるでしょうが――プラスの数

When leverage works, it magnifies your gains. Your spouse thinks you're clever, and your neighbors get envious. But leverage is addictive. Once having profited from its wonders, very few people retreat to more conservative practices. And as we all learned in third grade—and some relearned in 2008—any series of positive numbers, however impressive the numbers may be, evaporates when multiplied by a single zero.

字がどれだけ並んでいようと、その数字がどれほど大きかろうと、たった１つのゼロを掛けるだけで、すべてが消えてしまうのです。レバレッジが頻繁にゼロを生み出すことは、歴史が教えてくれています。すごく賢い人が使った場合も例外ではありません。

――バークシャー・ハサウェイ株主への手紙　２０１１年２月

History tells us that leverage all too often produces zeroes, even when it is employed by very smart people.

信用は酸素と同じ

信用は酸素のようなものです。たくさんある時は、その存在に気づきもしません。けれどもなくなると、もうそのことしか考えられません。少しの期間でも、信用がなくなって借り入れができなくなっただけで、企業が倒産してしまうことがあるのです。

――バークシャー・ハサウェイ株主への手紙　2011年2月

Credit is like oxygen. When either is abundant, its presence goes unnoticed. When either is missing, that's *all* that is noticed. Even a short absence of credit can bring a company to its knees.

ミスを冒すこと

私はミスを冒すことはあまり気になりません。ただ、会社全体の安定を脅かすようなことは決してしないように努めています。だから、意思決定をする時は、自分は間違う可能性があるという事実を織りこんでいます。

――『ハアレツ』紙　２０１１年３月23日

Mistakes don't bother me. I try to never do anything that would jeopardize the well-being of the whole place.
So I build into the decisions I make the fact that I am going to make mistakes.

大切なのは、自分が何を知っていて何を知らないかを知ることです。自分の知っていることの範囲を広げられるなら、それに越したことはない。当たり前ですが、非常に多くの業界について理解しているとしたら、二、三の業界についてしか知らないよりも、成功のチャンスは大きくなります。

それでも、大切なのは自分が自信を持っている範囲の限界を知って、その範囲内でプレイすることです――その範囲が広ければ

The important thing is to know what you know and know what you don't know. If you can extend the field of things that you know then so much the better. Obviously, if you understand a great number of businesses, then you have a better chance of succeeding than if you only understand a few.
The important thing is to know the perimeter of your circle of confidence and to play

広いほどよいでしょう。しかし、もし何かがその範囲の外にあれば、私はゲームに加わりません。

私はこのことを、ノルウェー人のチェス世界チャンピオンを見て気づきました。そのチャンピオンは20歳です。私は80歳ですから、彼より優れているのではないかと思ったら大間違いで、もし私が彼とチェスの勝負をしたら、三手で負かされるでしょう。

——『ハアレツ』紙　２０１１年３月23日

within that circle—the bigger the better. But if something isn't within my circle, I'm not going to be in that game.

I found out about this Norwegian chess champion who's 20 years old. At 80 you would think that I'm better than him, but I'm not, and if I play him, he is going to beat me. He is going to beat me in about three moves.

世界貿易

アメリカでもほかの国でも、外国との貿易が増大することに反対するグループが出てくるでしょう。私はそれとは正反対のグループに属しており、世界の国々とビジネスをすればするほど、我々は繁栄すると思っています。

There will be an element in the United States or in other countries that resists the idea of more trade between countries. I am in exactly the opposite camp and believe that we will prosper as we do more and more business with each other.

それぞれの国はそれぞれの長所を持っており、どの国もすべてを自国だけで賄うことはできません。世界の貿易が拡大することは、世界中の人々の生活がよくなることにつながります。

——『フォーブスインディア』誌　２０１１年４月20日

Various countries have various advantages and no country can do all things themselves. As world trade expands it will mean a better life for people around the world.

インフレへの抵抗

インフレは、何年も前に誰かが言ったように、目に見えない税金です。そのことを本当に理解しているのは、１００万人に１人くらいしかいません。インフレは、政府が発行している通貨を信頼してきた人々に課される税金です。

Inflation, someone said many years ago, is an invisible tax that only one man in a million really understands. It is a tax on people that have had faith in their currency, the governments issued it.

インフレに対抗するための最善の投資は、収入を得る能力や才能を高めるための投資です。自分の才能を極限まで高めている人はほとんどいません。才能が増しても、それに税金がかかることはありませんし、誰かに取られることもありません。

――『フォーブスインディア』誌　２０１１年４月20日

The best investment against inflation is to improve your own earning power, your own talent. Very few people maximize their talent. If you increase your talent, they can't tax it or they can't take it away from you.

長寿番付

もしも『フォーブス』誌がアメリカで（最も裕福な400人ではなく）最も長生きな400人のリストを発表して、その中に私が入っていたら――それこそ私が本当に載りたいリストです。

――CNBCテレビ　2011年5月2日

If *Forbes* would put a list of the 400 oldest Americans and I was on that one—that's the list I really want to be on.

富豪の税率

アメリカ合衆国の租税収入の40パーセントは給与税が占めています。40パーセントですよ。うちの掃除のおばさんも給与税を課されています。彼女の給与税の税率は、彼女の雇用主が払う分も含めると、私のキャピタルゲイン税の税率より高いのです。

Forty percent of the revenue in the United States comes from payroll taxes, forty percent. My cleaning lady is being charged a payroll tax. Her payroll tax, counting the portion her employer pays, is higher than my capital gains tax.

……つまり、私はまるでハゲタカかなんかのように優遇されているんです――どんな犠牲を払ってでも守らなくてはならないというように。

――CNBCテレビ　2011年7月7日

...I mean, I am treated like I am the bald eagle or something—that I have to be protected at all costs.

我が国の指導者は、「痛みを分かち合おう」と訴えてきました。しかし、彼らはそう言いながら、私には痛みを免除してくれました。私は友人の大富豪たちに、どんな痛みがあると思うか聞いてみましたが彼らも実際にはなんの痛みも感じなかったのです。

Our leaders have asked for "shared sacrifice." But when they did the asking, they spared me. I checked with my megarich friends to learn what pain they were expecting. They, too, were left untouched.

貧困層や中間層の人々が我々のために、アフガニスタンで戦っている時に、あるいはほとんどのアメリカ人がやりくりに苦労している時に、富裕層の人間は、法外な税制優遇措置を受け続けているのです。

――『ニューヨークタイムズ』紙　2011年8月14日

While the poor and middle class fight for us in Afghanistan, and while most Americans struggle to make ends meet, we megarich continue to get our extraordinary tax breaks.

課税法案について

還元

2011-2013

国民に犠牲を強いることを考えると、これは非常に重要なんです。人々は今後、その痛みに直面します。つまり、いくつかの約束の変更を告げられるわけです。しかし、その人々には、自分たちの生活を守るための安全マージンが少ない。私のような人間と違って、従来どおりの支給がなかったりすると、少し株とかそういうものを売ればいいというわけにはいかないのです。

It's very important in terms of getting people to make the kind of sacrifices they're going to face. We're going to be telling people that some of the promises are going to have to be modified, and these are people that don't have a lot of margin of safety in their own affairs. They're not like me, they can't just sell a few stocks or something like that if the payment doesn't come through or this or that.

大富豪は普通よりずっと低い率の税金しか払っていません――高い税金を払っている人もいますが、そうでない人が多い――だから3億人に生活を切り詰めるよう頼んでおきながら、富裕層には頼まないというのは大変な間違いだと思います。

――『チャーリー・ローズ』 2011年9月30日

The ultrarich who are paying really subnormal taxes—and there's a lot of them that aren't, but there are a lot of them that are—I think it's a terrible mistake to ask 300 million Americans to tighten their belts and ignore that group.

2008年金融危機後の融資

我々はみんな、バーで酒を飲んでいたのです。飲む前に戻りたいかどうかは微妙ですが、二日酔いは治すべきでしょう。

――『チャーリー・ローズ』 2011年9月30日

We were in the bar drinking. I'm not sure that we want to go all the way back in, but we ought to get over the hangover.

ヨーロッパは1つの実験を試みてきて、その実験のさまざまな欠陥がいま表面化してきているのです。……17の国が1つの通貨のもとに統合されましたが、文化は統合されませんでしたし、財政政策も統合されませんでした。もっと包括的にまとまるか、分裂するかしかないでしょう。

――『チャーリー・ローズ』２０１１年9月30日

They have tried an experiment where the imperfections in it are becoming manifest. ... They melded into a single currency for 17 countries, but they didn't meld the culture, they didn't meld the fiscal policies. They either have to come closer together in a major way, or they need to separate.

株を頻繁に売買するほうが、じっくりと腰を落ち着けて保有するより儲かるという考えは大きな間違いです。アメリカの企業は長期的に見ると、投資家に素晴らしい恩恵をもたらしてきました。にも関わらず、損をした投資家もたくさんいます。ダウ平均株価が20世紀初めには66ドルだったのが、いまでは1万2000ドルになっているのを見れば、いったいどうやって損を

Anything that causes people to think they can trade actively in stocks and do better than if they sat on their rear is a terrible mistake. American business has done wonderfully for investors over the years, yet many investors have managed to turn in bad performances. You can say to yourself, if the Dow started the 20th century at 66 and is now at 12,000, how could anybody lose money?

するのだろうと思うかもしれません。しかし、実際に損をした人はいます。そういう人は、あれこれと売買を繰り返したり、この株を買って上値で売れば、びっくりするほど儲かる、などとばかなことを考えたりして金を失ったのです。よい会社の株を買うだけにしていれば、儲かるのです。

――CNBCテレビ　2011年11月14日

But people do lose money. But they lose money by trying to jump in and out of this and that, and think that they should buy this stock because the earnings are going to surprise on the upside or some crazy thing like that. If they just buy good businesses, they'll do fine.

もしあなたが農場を所有していて、誰かが例えば「イタリアで問題が起こったそうだ」と言ったら、あなたは明日その農場を売るでしょうか？
あるいは、もしオマハで地元のいい会社を所有していたら、イタリアで問題が起こったからといって、明日その会社を売るでしょうか？

If you own a farm and somebody said, you know, Italy's got problems. Do you sell your farm tomorrow? If you own a good business locally in Omaha and somebody says Italy's got problems tomorrow, do you sell your business? Do you sell your apartment house?

あるいは所有するアパートを売るでしょうか？

もちろんそんなことはしないでしょう。しかしどういうわけか、株式を通じて素晴らしい企業を間接的に所有している場合、人々はそれを売るかどうか5分ごとに決断しなければならないと思ってしまうのです。

――CNBCテレビ　2011年11月14日

No. But for some reason, people think if they own wonderful businesses indirectly through stocks, they've got to make a decision every five minutes.

雇用を生み出すこと

「これで雇用が創出される」とか「私がハンバーガーの屋台を開いたら雇用が創出される」とかいう言い分には、非常に疑問を感じます。そこには詭弁の余地がたくさんあります。もしも「2万人の雇用を創出するために」環境に深刻な悪影響を与えるくらいなら、その2万人で私の墳墓を作ってもらったほうがましですね。

CNBCテレビ　2011年11月14日

I'm very suspicious when people say, you know, "This will create jobs," and "If I open a hamburger stand, it'll create jobs." There's a lot of rhetoric that gets a little loose. If you're really seriously hurting the environment [to create 20,000 jobs], you can have those 20,000 people start building me a tomb.

年に一度、正しい判断ができればそれでいいんです。

——CBSニュース　2012年2月8日

If I can make one good decision a year, you know, we'll do OK.

ジェイ・Zのネクタイ

ジェイ・Zは1年ほど前にここに来たことがあります。その時私は彼のネクタイを6回くらいほめました。「いやあ、いいネクタイだねぇ、ジェイ」とか言いました。するとジェイはついに「オーケー、あんたの勝ちだよ、ウォーレン」と言って、そのネクタイを外して私にくれたんです。

Jay-Z had been out here about a year ago. And what I did was I admired his tie about six times. I said, "Boy, that is a good-looking tie, Jay." And finally he said, "OK, you win, Warren." And he took it off and he gave it to me.

［その後］私は（ニューヨークのジェイ・Zのクラブの）オープニングセレモニーに行きました。その時、彼がくれたネクタイをしていきました。そしてジェイに会った時、彼のネクタイを見て、こう言いました。「やあ、ジェイ、いいネクタイだねぇ」すると彼はこういいました。「ウォーレン……もう勘弁してくれよ、1つあげただろう」

――CBSニュース　2012年2月8日

[Later] I went to this opening. I wore the tie he gave me. And then, when I saw him, I started looking at his tie. And I said, "You know, Jay, that is one good-looking tie." And he said, "Warren... forget it, you only get one."

投資を学び始めるなら

私が学生なら、企業の価値を評価する方法を学ぶ科目と、市場を評価する方法を学ぶ科目を受講するでしょう。その2つの科目で基本原則を学んだら、現代ポートフォリオ理論とかオプション価格決定理論とかを学ぶよりずっとうまくやっていけます。だいたい投資ビジネスをやるのに、オプション価格の決定なんて必要ないでしょう？

――バークシャー・ハサウェイ株主総会　2012年5月5日

I would have a course on how to value a business, and I would have a course on how to think about markets.
And I think if people grasped the basic principles in those two courses that they would be far better off than if they were exposed to a lot of things like modern portfolio theory or option pricing. Who needs option pricing to be in an investment business?

私は投資については20代前半までに、その後一生困らないほどのことを学びました。……しかし人間の行動については、その後年齢を重ねる中で、より多くのことを学びました。それは、ベン・グレアムの本や、投資についての教材から学んだのではありません。つまり、人間の行動については、実に9割がた、経験から学んだと思います。人間の行動について教えてくれるような本はあまりないと思います。

――フォーブス400慈善活動サミット　2012年6月26日

I learned enough about investing by the time I was in my early 20s to take care of me the rest of my life. ...But I learned a lot more about human behavior as I went through life. I did not learn that by reading a book by Ben Graham or something where I was going to learn about investments. I mean, learning about human behavior, I think, really, 90 percent of is by experience. I don't think you find a lot of books that teach you about that.

父は私に素晴らしい贈り物をくれました。父が気にかけるのは、私がどんな価値観を持っているかであって、どんな道を選ぶかではない。そのことを、言葉と行動の両方で伝えてくれました。要するに、私に対して無制限の信頼を置いているから、好きな道を歩めばいいと言ってくれたのです。こうして私は精いっぱいがんばること以外にどんな期待からも解放されました。

――40Chances:Finding Hope in a Hungry World
（＊バフェットの長男ハワードの著書）の前書き　２０１３年

My own dad had given me a terrific gift: he told me, both verbally and by his behavior, that he cared only about the values I had, not the particular path I chose. He simply said that he had unlimited confidence in me and that I should follow my dreams. I was thereby freed of all expectations except to do my best.

私は独創的なことをしたいし、毎日、自分のやりたいことをしたい。金があればそれが可能になるのです。

——CBSニュース　2013年1月20日

I like to be inventive. I want to be able to do what I want to do every day. And money lets you do that.

失敗研究

私は実は失敗を研究することが好きなんです。私のパートナーはこんなことを言います。

「私が知りたいのは自分がどこで死ぬかということだけ。そしたらそこへは絶対行かないようにするからね」

我々が知りたいのは、ビジネスがうまくいかなくなった原因は何かということですが――ビジネスにとって致命的

I like to study failure, actually. My partner says, "All I want to know is where I'll die so I'll never go there." And we want to see what has caused businesses to go bad—and the biggest thing that kills them is complacency.

なのは、現状に満足することです。
あなた方は安穏としていてはいけない。
常に誰かが自分たちを追いかけている、
でも追いつかれるわけにはいかない、
という気持ちが必要です。
常に前進していなければならないので
す。

――コカ・コーラ株主総会　２０１３年４月24日

You want a restlessness, a feeling, you know, that somebody's always after you, but you're going to stay ahead of them. You always want to be on the move.

母親の胎内から出てきた瞬間から……私の将来性は、私の姉や妹の将来性をはるかにしのいでいました。その理由は単に私が男だったからです。一方、姉や妹は頭も性格も見た目もよかったけれど、男ではなかったからです。

両親は私たちを平等にかわいがりましたし、学校の先生は私たちに似たような成績をつけました。けれども、姉や妹はことあるごとに——言葉よりもそれ以外のさまざまなシグナルで——彼女たちにとっての成功は「よい結婚をすること」だと教えられました。

The moment I emerged from my mother's womb ... my possibilities dwarfed those of my siblings, for I was a boy! And my brainy, personable, and good-looking siblings were not. My parents would love us equally, and our teachers would give us similar grades. But at every turn my sisters would be told—more through signals than words—that success for them would be "marrying well."

一方、私は、世界にはさまざまなチャンスがあふれていて、お前はそれをつかむのだ、と言われてきました。

したがって、私にとっての床が、姉や妹にとっては天井のようになってしまったのです――そして、ほんの2、30年前まで、そういうパターンを打ち破ろうとは誰も真剣に考えませんでした。しかし現在ではありがたいことに、女性に対する構造的障壁は崩れつつあります。

――『フォーチュン』誌　２０１３年５月２日

I was meanwhile hearing that the world's opportunities were there for me to seize. So my floor became my sisters' ceiling—and nobody thought much about ripping up that pattern until a few decades ago. Now, thank heavens, the structural barriers for women are falling.

男性について

うれしいことに、私が出会う女性の中では、遊園地の魔法の鏡に映るような歪んだ自己イメージを持つ人は少なくなっています。例えば私の娘の前にそんな鏡を置いたら、笑い飛ばして粉々に割ってしまうでしょう。

一方で、実力があって自信たっぷりに見える男性が、少なからずオズの魔法使いのような一面を持っていることを、女性は忘れないようにしてください。つまり、カーテンをめくって中を見たら、そこに見つかるのはスーパーマンではない場合が多いということです。

――『フォーチュン』誌　2013年5月2日

I'm happy to say that funhouse mirrors are becoming less common among the women I meet. Try putting one in front of my daughter. She'll just laugh and smash it. Women should never forget that it is common for powerful and seemingly self-assured males to have more than a bit of the Wizard of Oz in them. Pull the curtain aside, and you'll often discover they are not supermen after all.

PART 6

遺産

2014-2018

2つの大戦、あまたの経済危機、
不安定な世の中を前向きに歩み続けた
"オマハの賢人"にして"投資の神様"。
その旅路はまだまだ続いていく。

ウォーレン・バフェットの歩み PART6

2014

住宅ローン金融会社のクイッケン・ローンズと組んで、全米大学男子バスケットボールトーナメント（マーチ・マッドネス）の勝敗を正しく予想したファンに10億ドルの賞金を出すと発表する（当選者はいなかった）。

バークシャー・ハサウェイの株価が初めて20万ドルを超える。

イギリスのスーパーマーケットチェーン、テスコへの投資は失敗だったと認める。その後、2億4500万ドルのテスコの株式を売却する。

プロクター＆ギャンブルの株式47億ドル分と引き換えにプロクター＆ギャンブル傘下の電池メーカー、デュラセルを取得する。

2015

バークシャー・ハサウェイと3Gキャピタル・マネジメントが共同で保有するハインツと、バークシャーが出資しているクラフトフーズの合併をはかる。

航空宇宙機器部品メーカー、プレシジョン・キャストパーツを買収する。

大統領候補ヒラリー・クリントンの支持を表明する。

2016

テクノロジー業界への投資はしないという従来の方針に反して、アップルの株式1000万株を購入する。

3年前に、航空会社に投資するのは間違いだと述べていたにも関わらず、サウスウエスト、デルタ、アメリカン・エアラインズを含む複数の航空会社の株式を購入し始める。投資業界筋によると、プレシジョン・キャストパーツの買収によって、航空会社への投資がバークシャーにとって以前より安全になったという。

2017

大統領候補ドナルド・トランプが、バフェットは「巨額の」税控除を受けていると主張したことに対し、「私は1944年から毎年所得税を払っているし、トランプ氏と違って、これまでの納税申告書を喜んで公開する」との声明を発表する。

ウォルマートの保有株式の90パーセントを売却する。

数年来低迷していたIBMの保有株式のおよそ3分の1を売却する。

共和党のリーダー格の上院議員たちが提案した2017年オバマケア代替法案を批判する。その法案には法人税率の引き下げが盛りこまれているが、バフェットの見解では、企業は法人税率が高くても低くても同じように業績を上げることができ、法人税率の引き下げは不要だという。

2018

グレッグ・エーベルとアジット・ジャインがバークシャー・ハサウェイの取締役会に副会長として加わる。エーベルはバークシャー・ハサウェイの保険部門以外のすべてのトップに、ジャインは保険部門のトップに任命される。

『フォーブス』誌の長者番付で（ビル・ゲイツとジェフ・ベゾスに次いで）3位となる。

アップルの株式およそ7500万株を買い足す。

2022

バフェットとの昼食会が本年を持って最後となることが発表される。

昼食会への参加権をかけたオークションは過去最高額の約1900万ドル（約25億6000万円）にて落札された。

他人の真似をしない

「人がやっているから我々もやらなくてはいけない」という陳腐なセリフは、どんなビジネスでもトラブルの元となります。

――バークシャー・ハサウェイ株主への手紙　2014年2月

That old line, "The other guy is doing it, so we must as well," spells trouble in any business.

バカでも経営できるビジネス

株を買うなら、バカでも経営できるほどよいビジネスをしている会社の株を買うようにしましょう。なぜなら、いつかはバカな経営者が現れるからです。

――『フォーチュン』誌主催「最も影響力のある女性サミット」
２０１４年10月７日

Buy stock in a business that's so good that an idiot can run it, because sooner or later one will.

株を買うポイント

そこそこの会社を素晴らしい安値で買うのではなくて、素晴らしい会社をそこそこの値で買うのです。

――バークシャー・ハサウェイ株主への手紙　2015年2月

Forget what you know about buying fair businesses at wonderful prices; instead, buy wonderful businesses at fair prices.

我々は、長年特定の産業に関わってきた経験から生じる偏見とは無縁です。また、既得権を守りたい同業者からのプレッシャーにも負けません。それが重要なのです。もしも、どの産業に投資するかを馬が決めていたら、自動車産業は育たなかったでしょう。

――バークシャー・ハサウェイ株主への手紙　２０１５年２月

We are free of historical biases created by lifelong association with a given industry and are not subject to pressures from colleagues having a vested interest in maintaining the status quo. That's important: If horses had controlled investment decisions, there would have been no auto industry.

企業にとっての癌を排除する

私の後継者には、もう1つ、特別な能力が必要とされます。それは企業をだめにするABC、すなわちARROGANCE（傲慢）、BUREAUCRACY（官僚的形式主義）、COMPLACENCY（自己満足）の3つを排除する能力です。企業にとって癌とも言えるこれらの悪弊がはびこれば、いかに有力な会社でも弱体化するでしょう。

――バークシャー・ハサウェイ株主への手紙　2015年2月

My successor will need one other particular strength: the ability to fight off the ABCs of business decay, which are arrogance, bureaucracy and complacency. When these corporate cancers metastasize, even the strongest of companies can falter.

平均寿命や死亡率を示す保険統計表を見ると、死亡率が最も低いのは6歳児です。だから私は6歳児のような食生活をすることにしたのです。それが私の取り得る最も安全な方法です。

――『フォーチュン』誌　2015年2月25日

I checked the actuarial tables, and the lowest death rate is among six-year-olds. So I decided to eat like a six-year-old. It's the safest course I can take.

私の記憶にあるかぎり、我々は新興企業の類に投資するのは避けてきました。……そういう企業が提示するアイデアは素晴らしいと思いますが、私自身はそれにプラスするようなアイデアはまったく持ち合わせていません。それに、それらの新興企業に対する評価は、我々の基準からするとあま

We have never, that I can think of, bought into start-ups or anything of the sort. ... I love what they're coming up with, but I don't bring anything to that game at all. And the valuations tend to be, you know, nosebleed by our standards.

りにも高すぎることが多いのです。私はもっと大きくて安定していて、今後50年、100年、確実に存続すると思われる企業を、そこそこの値段で買い、誰かにその企業の経営を任せて、あとはコカ・コーラを飲みながらピーナッツでも食べてのんびりしたいのです。

――『フォーチュン』誌主催「最も影響力のある女性サミット」
2015年10月13日

I want to buy very big, very solid businesses that I know will be around for 50 or 100 years, and buy them at a reasonable price, have a manager run them, and then just, you know, go back to drinking Coca-Cola and eating some peanuts.

確かパスカルはこんなことを言っていたと思います。
「もし神が本当に存在する可能性がわずかでもあるならば、神は存在するという前提で行動するほうがよい。なぜなら、それによって計り知れない恩恵が期待できる一方、神を軽視した場合には永遠の苦しみを味わう可能性があるからだ」

Pascal, it may be recalled, argued that if there were only a tiny probability that God truly existed, it made sense to behave as if He did because the rewards could be infinite whereas the lack of belief risked eternal misery.

これと同様に、もし地球環境が本当に悲惨な状況に向かっている可能性が１パーセントでもあり、対策の遅れによって後戻りできない段階を越える可能性があるなら、行動を起こさないのは愚かなことです。これをノアの法則と呼びましょう――生き残るために箱舟が必要不可欠なら、いくら空が晴れわたっていても、今日から作り始めるのです。

――バークシャー・ハサウェイ株主への手紙　２０１６年２月

Likewise, if there is only a 1% chance the planet is heading toward a truly major disaster and delay means passing a point of no return, inaction now is foolhardy. Call this Noah's Law: If an ark may be essential for *survival*, begin building it today, no matter how cloudless the skies appear.

市場の創造性

人々が欲しいと思うものを生み出すことにかけては、市場システムほど優れたものはありません――それどころか、市場システムは、人々がまだ欲しいともなんとも思っていないものまで提供してきます。私の両親は若い頃、テレビとはどういうものか、想像もできませんでした。私も50代の頃には、パソコンが必要だとは思いませんでした。しかしテレビもパソコンも、それでど

Nothing rivals the market system in producing what people want—nor, even more so, in delivering what people don't yet know they want. My parents, when young, could not envision a television set, nor did I, in my 50s, think I needed a personal computer. Both products, once people saw what they could do, quickly revolutionized their lives.

んなことができるのか人々がいったん理解すると、あっという間に生活を激変させました。私は現在、週に10時間オンラインブリッジをして過ごします。さらに、この手紙を書く際は、パソコンでの「検索」が欠かせません。(でも、まだティンダー(＊位置情報を使った出会い系サービスアプリ)を使う勇気はありません。)

——バークシャー・ハサウェイ株主への手紙　２０１６年２月

I now spend ten hours a week playing bridge online. And, as I write this letter, "search" is invaluable to me. (I'm not ready for Tinder, however.)

遺産

2014-2018

［ドナルド・トランプ氏は］こう言っています。

「私ほど経済に精通している人間はいない。だから、それを直すことができるのは私だけだ」

ほほう、すごいもんですね！

「私だけが直すことができる」というくだりがすごい！

[Donald Trump] says, “No one knows the system better than me, which is why I alone can fix it.” Well la-di-da, you know! I mean, this is— only he can fix it!

私はアメリカがそんな深刻な危機に陥っているとは知りませんでした。だって、この国には3億2500万人の人間がいるのに、もし彼（トランプ氏）がカナダへ行ってしまったら、我々はもうお手上げだということなんですから。

――ネブラスカ州オマハでのヒラリー・クリントン大統領候補政治集会　2016年8月1日

I didn't really realize we were in such grave danger. I mean, there's 325 million Americans, and if this guy leaves for Canada, it's supposed to be hopeless for the rest of us.

自由貿易の裏側

自由貿易のメリットは、3億2000万の人々に広く行きわたっています。例えば、自由貿易のおかげで靴を少し安く買えますし、下着も少し安く買えます。けれども一部の関係者には不利益がもたらされています。オハイオの鉄鋼所の従業員や、マサチューセッツの繊維工場の従業員などは特にひどい不利益を被っています。

The benefits of free trade are diffused over 320 million people. You buy your shoes a little cheaper; you buy your underwear a little cheaper, because of free trade. But the penalties to the person involved, the steel worker in Ohio or the textile worker in Massachusetts are very, very extreme.

……自由貿易は必要だと思いますが、何の落ち度もない市民の生活にもたらされている被害を緩和するか、できることなら解決する政策があってしかるべきだと思います。そういう人々は生涯１つの仕事に従事してきて、55歳になってから再教育を受けてほかの仕事に就くのは難しいでしょうから。

――『フォーチュン』誌　２０１６年12月５日

... I think that we need to have free trade and we have to have policies that moderate and hopefully even cure the damage that are done to the lives of people who are perfectly decent citizens, who've spent their life in one trade and at 55, they're not going to be able to retrain for something else very well.

不安の捉え方

第一に、市場に蔓延する不安は投資家にとって味方です。なぜなら、それによっていいものが安く買えるチャンスが増えるからです。第二に、個人的な不安は投資家にとって敵です。そういう不安は根拠もありません。堅実な財務運営を行っている選りすぐりのアメリカの大企業に、高くて不必要なコストを避けながら、じっくり長期間付き合っていれば、必ずと言っていいほど利益が上がります。

――バークシャー・ハサウェイ株主への手紙　2017年2月

First, widespread fear is your *friend* as an investor, because it serves up bargain purchases. Second, *personal* fear is your enemy. It will also be unwarranted. Investors who avoid high and unnecessary costs and simply sit for an extended period with a collection of large, conservatively - financed American businesses will almost certainly do well.

（ヘッジファンドマネージャーは）顧客のために魔法のようなことができるという幻想を売ることによって、大金——莫大な金——を手にしているのです。

——バークシャー・ハサウェイ株主総会　２０１７年５月６日

The big money— huge money— is in selling people the idea that you can do something magical for them.

自分が苦手だと思うことを挙げて、いますぐそれに取り組むのです。私は若い頃、人前で話すのが大の苦手でした。うまく話せなかったのです。そこで100ドル払ってデイル・カーネギーの話し方講座を受講して、人生が変わりました。話すことにとても自信が持てるようになって、受講中に妻にプロポーズ

Address whatever you feel your weaknesses are, and do it now. I was terrified of public speaking when I was young. I couldn't do it. It cost me $100 to take a Dale Carnegie course, and it changed my life. I got so confident about my new ability, I proposed to my wife during the middle of the course.

しました。オマハで株を売るのにも役立ちました。当時私は21歳で、それより若く見られがちだったのですがね。身につけた能力は、誰にも奪われません。そして誰もが、まだ使っていない潜在能力を持っているのです。

――『フォーブス』誌　2017年9月19日

It also helped me sell stocks in Omaha, despite being 21 and looking even younger. Nobody can take away what you've got in yourself—and everybody has potential they haven't used yet.

顧客を喜ばせる

企業家は、明けても暮れても、顧客を喜ばせたいと心から願う必要があります。私はたくさんの企業を見てきましたが、顧客を喜ばせて成功しなかった企業は1つも見たことがありません。

――ゴールドマンサックス主催「中小企業1万社サミット」
2018年2月13日

You need a genuine desire, day in, day out, to delight the customer. I've never seen a business and I've seen a lot of businesses—but I've never seen one that delights the customer that doesn't succeed.

賢い人間が失敗する原因

私のパートナーのチャーリーは、賢い人間が失敗する原因は「酒（リカー）と女（レイディー）とレバレッジ」の3つしかないと言っています。

実は酒と女はどちらもLで始まるからといって、あとから付け加えただけで、問題はレバレッジです。

My partner, Charlie, says that there's only three ways that a smart person can go broke. He says, "Liquor, ladies, and leverage." Now the truth is the first two he just added because they started with L.

もし誰かが破産したあと立ち直って新たに財産を築いたと言っても、あまり感心はしません。だって、そもそもなんで最初の財産を失ってしまったんです？

——CNBCテレビ　2018年2月26日

It's leverage. And when somebody tells you how they came back and made a second fortune, I'm not impressed, because why the hell would they lose their first fortune?

自分より優れた人と付き合う

人生においては、自分より優れた人と付き合うことがとても大事です。それが人生で最も大事な選択になります――（なぜなら）人は自分が付き合う人物と同じ方向へ進んでいくからです。自分が付き合う人物からアイデアをもらったり、その人物の行動がどんな結果につながるかを見たり、そういういろいろなことが起こるからです。

――CNBCテレビ　2018年5月7日

It's very important in life to associate with people that are better than you are. And it's the most important decision—you will go in the direction of the people that you associate with. And you'll get ideas from them and you'll see how their behavior works and all of that sort of thing.

老人にとって最高の仕事

投資の仕事では、目と手を反射的に協調させる必要もありませんし、スタミナも必要ありません。

ただ机の前に座って、60年か70年前に学んだことを応用すればいいのです。以前とは少し違うやり方をしたり、あれこれと異なる部分が多少はあるかもしれません。

でも80や90になっても働きたい人にとっては申し分のない仕事です。

――CNBCテレビ　2018年5月7日

This job doesn't really require hand-eye coordination or stamina or anything. You know, you just sit at a desk and you apply things that you learned 60 or 70 years ago, and they come in a little different form now, maybe, this way or that way. But it's the perfect job for somebody that wants to be working at 80 or 90.

最初に電話すべき相手

自分や自分の親や祖父母などが何十年も慈しんで育ててきた会社を愛している人が、なんらかの理由でその会社を手放したくなったり、家族の中で所有していくことができなくなったりして、それをどこに託そうかと迷った時は、我が社こそ真っ先に電話すべき相手です。

――バークシャー・ハサウェイ株主総会　2018年5月5日

For somebody that cares about a business that they and their parents and maybe their grandparents lovingly built over decades—if they care about where that business ends up being after, for one reason or another, they don't want to keep it or can't keep it in the family, we absolutely are the first call.

SELECTION

セレクション

まだまだある、
あの日あの時の
ウォーレン・バフェットの
言葉たち。

1 優良株

アメリカン・エキスプレスという名称は世界でも最高級のフランチャイズです。それがあれば、どんなひどい経営者でも儲けることができます。

――『フォーブス』誌　1969年11月1日

2 投資はシンプル

自分がよく理解している企業をいくつか選んで、その中から企業価値や経営陣の善し悪し、経営難に陥った期間の長さなどの点で基準に達しないものを排除すればいい。

――『フォーブス』誌　1974年11月1日

3 資本集約型ビジネス

資本を多く必要としない企業と、資本を多く必要とする資本集約型の企業のどちらで働くか迷ったら、資本集約型でないほうをお勧めします。

――ノートルダム大学での講演　1991年春

4 長期投資を目指す

我々は変化の激しい分野の企業や株を保有したくありません。なぜなら私は普通の人よりも変化を読み取るのがうまいとは思わないからです。だから、私が本当に欲しいのは、この先も非常に安定していて、良好な経済状態が続くと思われるものです。

――ネブラスカ大学リンカーン校でのセミナー　1994年10月10日

5 楽しい仕事をする

私は自分が楽しめるものを作ってきました……自分で事業を立ち上げて作っていくのに、自分で楽しめないものを作るなんて、どうかしてます。絵を描くのと同じですよ。絵を描く時は、出来上がった時に見て楽しめるものを描くでしょう。

―― ネブラスカ大学リンカーン校でのセミナー　1994年10月10日

6 泥舟から逃げる

乗りこんだ船が常に浸水していると気づいたら、浸水部をふさいで回るよりも、船を乗り換えることにエネルギーを注いだほうがいい。

―― The Essays of Warren Buffet　1997年

7 永久に所有したいものを買う

もし私が自分の教会で牧師を務めていて、日曜礼拝に来る信徒の顔ぶれが毎週、半分くらい入れ替わっていたら、「ああ、これは素晴らしい。うちの会衆にはこんなに流動性がある！　すごい回転率だ！」とは言わないでしょう。それより私は毎週同じ人々ですべての席が埋まる教会になってほしい。我が社が買収する企業についても同じです。我々は、ほとんど永久に所有したいと心から思う企業を買いたいのです。

―― フロリダ大学での講演　1998年10月15日

8 | 運のよさ

もし我々が全員、無人島に流れ着いたら——全員、そこに上陸して、この先誰も出ていくことができないとしたら——そこで一番大切な人材は、長期的には、一番たくさん米を作れる人間でしょう。そこで私が「僕は資本をうまく配分できるよ」と言ったとしても、誰も大して喜ばないでしょう。

——フロリダ大学での講演　1998年10月15日

9 | 予測をあてにしない

我々は、ある企業を買うかどうかを、マクロ経済の動向とかそういうことで判断したことはありません。金利予測とかビジネス予測とか、そういうことが書かれたものは読みません。なぜなら、あまり意味がないからです。例えば、1972年に我々がシーズ・キャンディーズを買った時——確かニクソンがその少しあとに物価統制をかけたと思います。もし我々がそのことを予測していたとして、どうなったでしょうか？　現在6000万ドルの税引き前利益のある会社を、2500万ドルで買うチャンスを逃していたかもしれません。我々は、何かの予測に左右されて、賢いことをするチャンスを逃したくないのです。いずれにせよ予測なんて得意じゃないんですから。

——フロリダ大学での講演　1998年10月15日

10 シーズのチョコレート

我らがシーズ・キャンディーズのチョコレートは、素晴らしいことに、現在のところ１ポンドにつき11ドルです。一方で、１ポンド６ドルで買えるチョコレートもあります。でも、あなたは本当にバレンタインデーに家に帰った時に――奥さんが長年、シーズのチョコレートにとてもよいイメージを持っていたにも関わらず――「ほら、今年はお買い得品を買ってきたよ」と言いながらチョコレートを渡したいですか？　それじゃあせっかくのプレゼントが台無しです。

――フロリダ大学での講演　1998年10月15日

11 市場競争での立ち位置

我々は買収対象の企業について、デューデリジェンス（*財務、法務、経営などの点から企業の資産価値を評価すること）をしたり、あれこれ細かく調べたりすることはありません。肝心なのは、その企業を巡る競争のダイナミクスを理解することです。セールストークのうまい人物にだまされるわけにはいけませんから。……本当に大事なことは、競争における優位性があるかないかです。大きな城塞とそれを取り囲む堀のある企業を手に入れて、その堀を今後も広くしていかねばなりません。

――『ビジネスウィーク』誌　1999年7月5日

12 予測記事を読まない

私は経済予測記事は読みません。漫画欄も読みません。

――『ビジネスウィーク』誌　1999年7月5日

13 トラブルに見舞われた企業を狙う

我々にとって一番好都合なのは、よい会社が一時的なトラブルに見舞われた時です……我々はよい会社が手術台に乗った時に買いたいのです。

――『ビジネスウィーク』紙　1999年7月5日

14 適正な株価

もし何かに1ドルの価値があると思ったら、それを99セントで買うのではなく、60セントで買うようにしましょう。そうすれば十分安全なマージンが見込めます。10000ポンドの荷重に耐えられるという橋を9900ポンドのトラックで渡ってはいけません。そういう時は引き返して、20000ポンドの荷重に耐えられる橋を探すのです。

――ジョージア工科大学同窓会誌　2003年冬

15 株式分割

株式を分割したら株の価値が上がると思うのは大間違いです。そんなことを考えるのは、ピザ店へ行った時に、「4つに切りましょうか、それとも8つに切りましょうか？」と店員に聞かれて、「4つにしてくれ、8つじゃ多すぎて食べられないよ」というようなものです。

――ジョージア工科大学同窓会誌　2003年冬

16 | 企業倫理

投資家のみなさんに３つのアドバイスをしましょう。

第１のアドバイスは、「根拠が薄弱な会計報告をしている企業には気をつけること」です。……目に見えるところで疑わしいことをしている経営陣は、見えないところでも同じことをしている可能性が高いものです。

第２のアドバイスは、「分かりにくい脚注がある時は、経営陣に信頼が置けない場合が多い」ということです。脚注とか、経営に関する説明が理解しにくいのは、たいていの場合、CEOが投資家には理解してほしくないと思っているからです。エンロンのいくつかの取引に関する説明書は、いまだに私にはちんぷんかんぷんです。

第３のアドバイスは、「利益見通しや成長予測を吹聴するような企業は疑ってかかること」です。どんなビジネスも、慌てることがないような平穏な環境で営まれることはめったにありません。利益はスムーズに上昇していくものではないのです（例外はもちろん、投資銀行の出す目論見書の中だけです）……いつも「これこれの数字を達成します」と約束する経営者は、いつか「数字をごまかす」誘惑に駆られるでしょう。

―――― バークシャー・ハサウェイ株主への手紙　2003年2月

17 富豪の税率

フォーブスの長者番付に載っている人々が支払う税金の税率は、平均して、彼らの下で働く受付係の税率より低い。当事者の富豪で、この説に対して異議を唱える人物がいたら、100万ドル賭けてもいい。無料通話電話の番号を教えますから、電話をください。賭け金の100万ドルは勝ったほうが指定する団体への寄付に回しましょう。

——NBCナイトリーニュース　2007年10月30日

18 毎朝鏡を見る

私は毎朝、複雑な手続きを経て意思決定をします。と言っても実は鏡をのぞきこむだけですが。それでもう、あらゆる意見を聞いたような気がするんです。

——The Snowball　2008年

19 富を子孫に残さない

富は、未来の誰かの活動のための預かり証の束にすぎません。富を持つ者は、それを好きなように使う権利があります。現金化してもいいし、人にやっても構わない。しかし、富を子々孫々に相続させるということは、ほかの多くの人々の活動の財源になり得る富を、せいぜい数百人の自分の子孫だけに自由に使わせるということです。単に金持ちの子孫に生まれたからというだけでそんなことを許す考えは、能力主義の社会の価値観に逆行します。

——The Snowball　2008年

20 動かないことで儲ける

(a) 投資家は全体として必ず平均的な収益を上げ、そこから必要なコストが差し引かれます。(b) パッシブ投資やインデックス投資をする消極的な投資家は、積極的に売買をしないことによって、平均的な収益を非常に低いコストで得ることができます。(c) 平均的な収益を上げる投資家のうち、残りのグループは、積極的に売買をする投資家です。しかし、このグループには高い手数料、管理費、アドバイス料などが発生します。したがって、積極的な投資家の収益からは、そうでない投資家に比べてはるかに大きなコストが差し引かれます。ということは、消極的な――無知な――グループが勝つということです。

――――――バークシャー・ハサウェイ株主への手紙　2008年2月

21 CEOへのムチ

どんな企業でも、連邦政府に駆けこんで、社会の安定のために救済してほしいと頼まなければならなくなった場合には、その企業のトップにもっと罰則が与えられるべきでしょう。これまでのところ、CEOに対する動機づけは、ムチを与える負の強化よりも、アメを与える正の強化に偏っていました。しかし私はもっとムチが必要だと思います。

――――――コロンビア大学でのトークイベント　2009年11月12日

22 金投資

これまでに採掘されたすべての金(きん)を集めたとすると、67フィート（*約20メートル）四方の立方体になります。それを現在の金(きん)相場で換算すると、アメリカ合衆国のすべての農地を買うことができます（一部ではなくすべてです）。その上、エクソン・モービル社を10社買って、さらに1兆ドルの何にでも使える現金を持つことができます。それか、20メートル四方の金属の塊です。
あなたならどっちを選びますか？
どっちがさらに大きな価値を生むと思いますか？

——— CNNテレビ　2010年10月19日

23 投機と投資の違い

投機は不道徳なことでも違法なことでも強欲なことでもありません。しかし、2年後に誰かが高値で買ってくれることを期待して何かを大量に買いつけることと、長期的に収益を生むと期待できる何かを買うこととは、まったく別物です。私は30年前に、ここから程近い場所に農場を買いました。それ以来、その農場の値段を見積もったことはありません。私がしているのは、その農場の毎年の生産高をチェックすることで、実際、その農場は私が支払った金額に対して、十分満足がいくくらいの生産高を上げています。

——— CNBCテレビ　2011年3月2日

24 金は何も生まない

金(きん)投資は恐怖とうまく付き合うための1つの方法です。恐怖が蔓延する中でうまくやっていくために、時には、非常によい方法でした。しかし金(きん)投資をすると1、2年後に人々が今よりもっと恐怖を抱いていることを期待しなくてはなりません。みんなが恐怖を抱けば抱くほど儲かるが、そうでなければ損をすることになる。いずれにせよ、金(きん)そのものは何かを生み出すわけではありません。

——CNBCテレビ　2011年3月2日

25 景気がよい時

景気がよい時というのは、シンデレラが舞踏会にいる時のようなものです。彼女は12時になったらすべてがカボチャとネズミになると知っています。でも舞踏会はあまりにも楽しすぎて、周りにいる人々も立派だし、酒もどんどん出てくるし、ホールの壁には時計もない。それが資本主義の世界に起こったことです。我々が大いに楽しんでいるうちに、バブルはどんどん膨らんでいきます。みんな、12時5分前には帰ろうと思っています。でも、ホールの壁には時計がないんです。

——『ハアレツ』紙　2011年3月23日

26｜過剰なレバレッジ

過剰なレバレッジはトラブルを招きます。金融取引でも家計でも同じですが、自分では全額賄えない何かを金を借りて買うということには、メリットもありますがデメリットもあります。

それはアルコールのようなものです。1杯ならいいが、10杯も飲むと大変なトラブルに陥る。でも、レバレッジが効くと非常に愉快だから、それを使うのが癖になりがちなのです。ですから、レバレッジを規制するなんらかの方法があるべきで、それは個人の住宅ローンにも適用されるべきです。2～3％の頭金で家を買うなんて、トラブルの元になるだけです。

――『ハアレツ』紙　2011年3月23日

27｜アメリカの成長率

私は80歳ですが、私が生まれてからの80年間で、アメリカ人の平均的な生活水準は実質的に6倍もよくなっているのです。6倍ですよ！　中世だったら、数世紀で1パーセントよくなればラッキーなほうです。私が1930年に母親の胎内から出てきた時、我が国は恐慌に見舞われ、世界大戦に直面し、このまま負けてしまうかのように思われました。しかし、そんな時でもアメリカの体制はうまく機能します。それは人間の可能性を解き放つのです。

――『ハアレツ』紙　2011年3月23日

28　バブルで儲けようとしない

我々はバブルで儲けようとは思いません。ただ、バブルで破産しないように気をつけていて、これまでのところはうまくいっています。

―― CNBCテレビ　2011年5月2日

29　ロビー活動と税法

税法を形成してきたのは論理ではなくKストリート（*ロビイストの事務所が多いワシントンDCの通り）です。

―― CNBCテレビ　2011年7月7日

30　富と満足

人は裕福になるにつれて周りと自分を比較するようになり、満足を感じるどころか、かえって不満を感じることさえあります。それがアメリカで起こってきたことです。現在のアメリカの1人あたりの国内総生産は、私が生まれた1930年に比べて、実質6倍になっています。その結果、人々が1930年当時より満足しているのか、それとも不満を感じているのか、私には分かりません。しかし、人間はふつう、よい方向への変化にはすみやかに順応しますが、ちょっとでも悪い方向に変化すると、非常に不満を感じるものです。

―― CNBCテレビ　2011年11月14日

31 富裕層への課税強化「バフェットルール」

過去25年間でフォーブスの長者番付に載る人々の純資産の総計は9倍に膨れ上がっています……しかしアメリカ国民一般では、そういうことは起こっていません。そしてその間、大富豪たちにかかる税率は下降の一途をたどっているのです。私が思うに、3億1200万の国民に、痛みを分かち合おうという時や、彼らに約束したものを取り上げる時には……大富豪たちもその痛みをある程度分かち合うべきでしょう。

……例えば、社会保障のルールを少し変えると、とても多くの人々が痛みを感じます。かなりひどい痛みです。メディケア（*老人や身障者に対する医療保険制度）のルールを変えると、やはり多くの人々が痛みを感じます。一方、100万ドルとか1000万ドルを超える所得に最低30パーセントとか35パーセントとかの税金がかかったとしても、そういう人々は実際のところ、痛みを感じません。しかし、少なくともアメリカ国民全体としては、我々全員が参加するよう要請されている痛みの分かち合いに、大富豪も少しは参加するよう要請されているんだなと感じるでしょう。

――― CNBCテレビ　2011年11月14日

32 バフェットルール

自分の名前をつけてもらうなら（課税法案なんかより）、ヤンキースタジアムで打たれたホームランにつけてもらうほうがいいですよ。「出ました、バフェットホームラン」とかいう感じでね。

——CNBCテレビ　2011年11月14日

33 引退の時

私はいまとても健康で自分の仕事が大好きですが、いつかは耄碌（もうろく）して、ここから引きずり出されるでしょう……その時は3人の子どもが一緒にやってきて、「ねえ父さん、父さんはもうぼけてきているよ」と言うことになっています。子どもたちには、もし1人で来たら遺産相続から外すといってあるので、3人一緒に来なければならないんです。

——CNBCテレビ　2011年11月14日

34 いい球を待つ

テッド・ウィリアムズ（*打率4割を記録したメジャーリーガー）は『バッティングの科学』という著書で「バッターにとって最も大切なのは、いい球が来るのを待つことだ」と言っています。これは、私の投資に関する考えとまったく同じです。いい球を待ち、いい掘り出し物を待つ。それは必ず来ます。これが投資の秘訣です。

——CBSニュース　2012年2月8日

35 歳をとることは楽しい

あなたも81歳になったら、いまよりもっと楽しくなりますよ。81歳というのは、素晴らしい歳です。私は自分がこれからやることが楽しみです。……メル・オット（*本塁打王を6度獲得したメジャーリーガー）がジャイアンツでプレイしていた時だったか、それともほかの誰かだったか忘れましたが、こんなことを言ったんです。「ほんとに——こんなことで金がもらえるのかい？」私もそんな感じです。

——CBSニュース　2012年2月8日

36 人を変えようとしない

我々の仕事は人を変えることではありません。企業をまるごと買う時も、そこの人々を変えようとはしません。それは結婚した相手を変えようとするのと同じで、あまりうまくいかないからです。

——バークシャー・ハサウェイ株主総会　2012年5月5日

37 慈善活動は個人で

私は直観的に、個人の慈善活動を奨励することには賛同します。しかし、人の金を使ってやるのはいいと思いません。ですから、バークシャー・ハサウェイは、親会社のレベルでは、慈善的な寄付は行いません。

——フォーブス400慈善活動サミット　2012年6月26日

38 身銭を消る

私は率直に言って、日曜日に教会の献金皿に５ドルや１ドル入れる人を非常に尊敬します。その金は、その人が子どもを連れて映画館に行ったり、外食したりする時の足しになるものでしょう。彼らは自分にとって実用的な価値のあるものを手放しているのです。私はそういうものを手放してはいません。私はこの世にあるもので、金で買えるものなら、欲しいものはなんでも持っているからです。

――― ジョージタウン大学でのトークイベント　2013年9月19日

39 信頼と不安

不安は瞬時に広がります。信頼は少しずつ戻ってきます。

――― フォーチュン誌主催「最も影響力のある女性サミット」
2013年10月16日

40 株の所有割合について

私の友人の１人は、どんな会社でも、所有するなら100パーセント所有するという主義でした。なぜなら彼は鏡を見ながら、「すべての株主は私を愛している」と言うのが好きだったからです。確かにそれはいい響きのセリフです。でも私は鏡を見て、「十分な数の株主が私を愛している」というので満足です。

――― フォーチュン誌主催「最も影響力のある女性サミット」
2013年10月16日

41｜よい会社を売るな

よい会社を持っているという人がやってきて、本当によい会社を持っていて、それを私に売りたいと言ってきたら、私はまず、そんなことはよしなさいとアドバイスします。なぜなら、よい会社というのはめったにあるものじゃないからです。そういう会社を家族が所有していたら、やむを得ない理由がないかぎり、そのまま持ち続けたほうがいい。

——— フォーチュン誌主催「最も影響力のある女性サミット」
2013年10月16日

42｜勝つための秘訣

試合に勝つ選手は競技に集中しています——スコアボードばかり気にする選手はだめです。株価を見ずに週末を楽しく過ごせる人は、平日もそうするといいでしょう。

——— バークシャー・ハサウェイ株主への手紙　2014年2月

43｜欠点を知る

自分の欠点にまったく気づいていない投資のプロよりも、自分の欠点をしっかり認識している素人のほうが、長期的には好成績を上げることが多いのです。

——— バークシャー・ハサウェイ株主への手紙　2014年2月

44 金融知識は一般教養

誰もが企業家になるわけではありませんが、金融に関する基本的な知識はみんなが身につけるべきです。最低限の素養として、読み書きのように、誰もが早い段階で獲得すべきなのです。若い頃に身につけてしまえば、大人になってからも忘れません。

――「ロイター」(*オンラインニュース) 2014年5月19日

45 保有銘柄を宣伝しない

ウォール街の一般的な心理として、ある会社の株を買ったら――たとえその株をあとで買い増そうと思っていても、あるいはその会社が自社株を買おうとしていても――翌日か翌週か翌月かにその株の値が上がっていたら儲かったように感じるのです。だからみんな、「自分の保有銘柄を宣伝する」ようなことになります。

我々が自社の保有銘柄について話すとすれば、上位4社すべてについて、悲観的なことを言うでしょう。なぜなら、4社とも自社株を買い戻しており、安く買えたほうが我々としては得だからです。

――バークシャー・ハサウェイ株主総会 2015年5月2日

46 CEOからの部下へのメッセージ

CEOとして部下に伝えるメッセージには細心の注意を払わなければなりません。……例えば「ウォール街を失望させるわけにはいかないから、一株あたりXの利益を出してほしい」と部下に言ったら、その部下はあなたの希望を実現させるために数字をいじり始めるかもしれません。

——バークシャー・ハサウェイ株主総会　2015年5月2日

47 経済政策の目的

私の考えでは、国の経済政策には主に2つの目的があるべきです。1つは、我々の豊かな社会において、働く意志のあるすべての人々が、一定水準の生活が送れるくらいの収入を得られるようにすることです。2つ目は、そのために実施される政策は、市場システムを歪めるものであってはならないということです。なぜなら市場システムは成長と繁栄のための重要な要素だからです。

——『ウォールストリートジャーナル』紙　2015年5月21日

48 効率の向上は人生の向上

私は効率というものを非常に重視しています。なぜなら、それは生活を向上させる唯一の方法であり、資本や労働の単位投入量あたりの産出量が増えることだからです。

——CNBCテレビ　2016年2月29日

49 | 納税申告

私は連邦所得税を1944年、13歳の時から毎年払っています（といっても、最初の年は大した儲けはなかったので、7ドルしか払いませんでしたが）。いままで書いた72枚の納税申告書の写しは全部保管していますが、繰越控除をしたことは一度もありません。

最後に申し上げますが、私は国税庁から何度も税務調査を受け、いまも調査を受けています。私は自分の納税状況を明らかにすることにやぶさかではありません。おそらくトランプ氏もそうでしょう——何かやましいことがないかぎり。

——報道機関向け声明　2016年10月10日

50 | どこにでも問題はある

我々は、正確には分かりませんが、30かそこらの会社の株を所有しています。そのほぼすべての会社で、何かしら問題が起こっているはずです。しかしそれらの会社を経営するのは私の仕事ではない。私の仕事は何か問題が起こった時に、それが永続的なものかどうかを判断することです。

——CNNビジネスニュース　2016年11月11日

51｜問題はすぐに片付ける

何か問題がある時､私の解決法はこうです。正しく理解し、素早く行動し、外部に公表し、さっさと片づける。

——CNNビジネスニュース　2016年11月11日

52｜移民を受け入れる

我々がいまここにいられるのは、2人のユダヤ人移民がヨーロッパからアメリカへ逃れてきて、ルーズヴェルト大統領に手紙を送ったおかげかもしれません。その2人、アインシュタインとレオ･シラードはその手紙で、ナチス･ドイツが核兵器を開発していることを大統領に警告しました。……移民の質と意欲こそ、これまでこの国が発展するためにずっと役立ってきたものなのです。

——『アトランティック』誌　2017年2月26日

53｜個人としての政治的見解

私は昔から、政治に関して自分の意見を持ってきました。しかし、それはバークシャーを代表しての意見ではありません。バークシャーは､少なくとも親会社としてのバークシャーは､どんな政治家にも献金していません。それに、私の政治的見解を37万人の従業員と100万人の株主に押しつけるのはよくないと思います。私は政治に関して従業員や株主の子守役を務めているわけではありませんから。

——CNBCテレビ　2018年2月26日

54 銃器製造業者

我々はどんな銃器メーカーも所有していません。しかし私は例えば、バークシャーで私と一緒に資金運用を担当している2人のマネージャーに、銃器メーカーの株を所有してはいけないと命令したことはありません。

——CNBCテレビ　2018年2月26日

55 大量破壊兵器

人類の最大の問題は、大量破壊兵器の問題だと思います。つまり、我々が1945年以来学んできたことは、悪意を持つ人物や、組織や、ときには政府が存在するということと、何百万もの人々を殺す方法についての知識がすぐ手に入るということです。そしてときには、悪意もすぐそこにあるかもしれません。

——CNBCテレビ　2018年5月7日

56 価値に投資する

ある企業を所有していて、そこから得た収益のかなりの部分をその企業に再投資すれば、だいたいにおいて毎年、前年より価値の高いものを所有することになります。株式市場はその価値を反映して、その企業の株が上がることもあれば、なんらかの理由で暴落することもあります。しかし、市場は価値を積み上げていきます。根源的価値を毎年、組みこんでいくのです。

——『ブルームバーグマーケッツ』誌　2018年8月30日

そうですね、いつか「また金融危機は」あるでしょう。でも、だからと言って私はちっとも心配してません……だって、せいぜい摂生してますからね。次に金融危機が起こる時もまだ現役でいられるように、バークシャーが大丈夫なように。

――CNBCテレビ　2018年9月12日

Well, there'll be [another financial crisis] sometime, but no, I don't worry about it in the least ...because I conduct myself so that if there's another crisis I'll still be around, Berkshire will be in good shape.

編者　ディヴィッド・アンドリューズ（David Andrews）
アメリカ合衆国イリノイ州シカゴ郊外に在住する書籍編集者。

訳者　石田文子（いしだ・ふみこ）
京都府在住、英米文芸作品翻訳家。訳書にアレックス・アーバイン『小説タンタンの冒険』（KADOKAWA）、アレックス・シアラー『スノー・ドーム』（求龍堂）、シャルロット・ハプティー『オットーと空飛ぶ双子』（小峰書店）、メイソン・カリー『天才たちの日課』（共訳、フィルムアート社）、ヴォネガット＆マッコーネル『読者に憐れみを　ヴォネガットが教える「書くことについて」』（共訳、フィルムアート社）など。

ウォーレン・バフェットの生声
本人自らの発言だからこそ見える真実

2023年1月18日　第1刷発行

編　者	ディヴィッド・アンドリューズ
訳　者	石田文子
装　丁	戸倉巌（トサカデザイン）
本文デザイン	高橋明香（おかっぱ製作所）
本文DTP	有限会社天龍社
校　正	日本アイアール株式会社
翻訳協力	株式会社アメリア・ネットワーク
編　集	麻生麗子＋平沢拓＋関美菜子（文響社）
発行者	山本周嗣
発行所	株式会社文響社 〒105-0001 東京都港区虎ノ門2-2-5　共同通信会館9F ホームページ　https://bunkyosha.com お問い合わせ　info@bunkyosha.com
印刷・製本	中央精版印刷株式会社

ISBN 978-4-86651-595-3

この本に関するご意見・ご感想をお寄せいただく場合は、郵送またはメール（info@bunkyosha.com）にてお送りください。

写真：AP/アフロ（P.11、63、107、141、225、231、255）、写真：ロイター/アフロ（P.25、35、83、89、161）、写真：Shutterstock/アフロ（P.175）、写真：Charles Sykes/Invision/AP/アフロ（P.201）